识干家

企業閱讀　學以致用

手把手教你做
顶尖企业内训师
TTT培训师宝典

熊亚柱◎著

中华工商联合出版社

图书在版编目（CIP）数据

手把手教你做顶尖企业内训师：TTT培训师宝典/熊亚柱著．—北京：中华工商联合出版社，2015.11

ISBN 978-7-5158-1500-8

Ⅰ.①手… Ⅱ.①熊… Ⅲ.①企业管理-职工培训 Ⅳ.①F272.92

中国版本图书馆CIP数据核字（2015）第255797号

手把手教你做顶尖企业内训师：TTT培训师宝典

作　　者：熊亚柱
责任编辑：于建廷　臧赞杰
责任审读：郭敬梅
封面设计：久品轩
责任印制：迈致红
出版发行：中华工商联合出版社有限责任公司
印　　刷：北京鑫益晖印刷有限公司
版　　次：2016年3月第1版
印　　次：2016年3月第1次印刷
开　　本：710mm×1000mm　1/16
字　　数：200千字
印　　张：14.25
书　　号：ISBN 978-7-5158-1500-8
定　　价：49.80元

服务热线：010-58301130
团购热线：010-58302813
地址邮编：北京市西城区西环广场A座19-20层，100044
http：//www.chgslcbs.cn
E-mail：cicap1202@sina.com（营销中心）
E-mail：gslzbs@sina.com（总编室）

工商联版图书

博瑞森图书：企业阅读　本土实践

亲爱的读者朋友：

也许您是博瑞森图书的老读者，也许是新朋友，欢迎您阅读博瑞森图书！

当今中国，各行各业都存在着转型升级的压力与机遇。博瑞森图书与您一同应对转型挑战并发现其带来的机遇。

我们一直在问：什么样的书能为您解决管理难题并带来启发？

我们一直在找：哪些作品能帮助企业从跟随到领先？

我们一直在做：把最好的作品以最便捷的方式呈现给您，纸质版、电子版、书摘邮件、微信……

我们策划图书的原则是：

- 企业阅读——与您一样，做水中的游泳者，而非岸上的观众或教练，企业的困惑就是我们的任务。
- 本土实践——与您一样，立足本土环境，追求卓越实践，传播最适合当下中国企业的管理之道。

我们也向所有的企业管理者、管理咨询专家和企业研究者征稿，让更多被实践检验的好思想、好方法迸发出来，为企业助力！（bookgood@ 126. com 或 QQ：1963328416 或手机号 13611149991，绝非“自费出书”，不向作者收取任何费用）

如果有一天，您把博瑞森图书视为您优秀的事业伙伴、管理助手，我们也就实现了自己的梦想。

博瑞森图书

凡购买本书的读者，都将免费获赠本书精华电子版 + 书币，请登录博瑞森管理图书网，输入刮刮卡号码，即可下载电子版、领取书币。

前言

本书是专门针对企业内部培训师的培训课程，旨在提升内部培训师的讲课能力。

先看培训与传统教育的区别，帮助我们快速识别培训。

培训无处不在：

培训不是学校教育，我们不要受传统教育的思想束缚，非要在固定的场所、固定的时间上课，才叫培训，在社会教学中，随时随地都可以是培训。

作为公司的中高层管理者有义务传播公司的思想及教育手下，当你觉得业务员哪里做得不好就可以进行培训。

以学员为中心：

以学员为中心，不是以讲师为中心，这个有很多人搞不清楚，摆不正自己的角色，引起了很多的麻烦。

例如，学员需要的只是初级内容，而讲师给他讲高级的内容，他根本听不懂，也不认为是对的。学习是分很多层次的，特别是在社会上，不了解学员，就会“死”得很难看。

这不同于教师，教师教的都是学生不会的，所以学校老师告诉你什么是对的，什么是错的。而培训师不是，告诉学员什么是对的，什么是错的，这样是不行的，必须讲和他的层面相对应的内容才能取得良好的效果。

以提升绩效为目的：

培训是围绕知识、技能、态度为中心去操作，通过改变人的思想认知和行为习惯而提升绩效；但是我们要注意的是，不是教知识就是传统的教育，也不是讲授课程就是传统的教育，这都是一种误导。还有关于“实战”这个词，不过是培训营销的产物，说自己的内容实战，别人的内容只是理论，都是不对的。

培训和实战没关系，真正的实战是见真正的客户，而培训是一种理念的灌输和学习，教学员进行模拟演练而已。在这个过程中我们强调实用，就是教适合学员岗位的知识。比如我们在太太乐公司时讲产品知识，讲谷氨酸钠，讲 I + G，这是纯粹的知识，但是对太太乐公司的人员都是有用的。

培训的一切都是以企业的发展要求为中心，以提升个人的技能素质从而提高个人绩效，这样才能为企业创造更好的业绩。

书中内容真正践行了王阳明“知行合一”的思想，知是被动地接受，行是主动地学习，合是习惯之使然。本书是作者结合现场训练经验，经由众多受训企业、学员的反馈，融合自身学习感悟，以学员的“学而知之、践以行之”为价值牵引，潜心研究、设计、编写而成，旨在从知识上、行动上、修炼上打造优秀的企业内训讲师及具备培训能力的企业经理人。

这本书以看学员、看企业、看培训的角度认知培训师行业，从开、控、收、编、做、用的角度去践行培训师的职责，从知行合一的角度修炼内部培训师的全部技能，以实战、实效、实用为原则，融入心理学、管理学、教育学、表演学的大量技巧。

不管你是谁，只要你对培训师的工作有向往，翻开它，你将找到一切问题的答案，因为它是帮你成为一位优秀培训师的指路明灯！

目录
Contents

上篇
火眼金睛看培训

第一章

Chapter 1

一看学员

职业训练与传统教育有许多不同，这也就要求我们必须把握成人学习的动机，才能更好地做好职业训练工作。两者的不同如表 1－1 所示。

表 1－1　职业训练与传统教育的区别

	职业训练	传统教育
主导	培训师	教师
主体	职业者	职业预备者
目的	提升工作绩效	提高基本素质
内容	针对性	基础性
方法	讲演练一体	讲授
时间	终生性	阶段性
效果	知识酶	知识

一、认知成人学习的动机

成人学习的特点如图 1－1 所示。

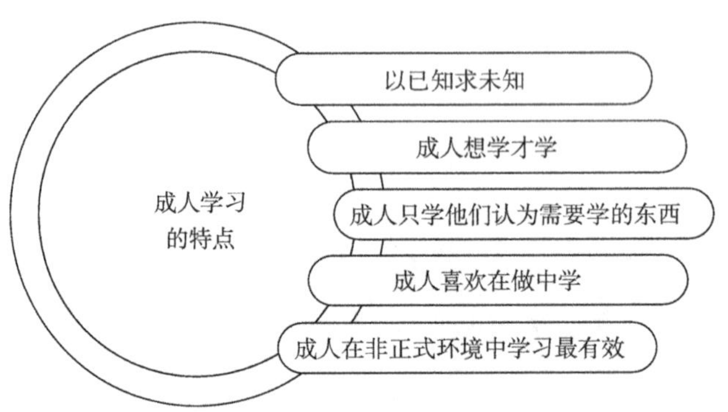

图 1－1　成人学习的特点

观点一：以已知求未知

给成人教学不用与教小孩和学生一样，成人自己有判断能力。假如讲师有的话语讲错了，如“我们要构建社会主义‘谐和’社会”，他马上发现讲错了，讲师直接说“构建社会主义‘和谐’社会”就可以了，不用越描越黑。如果是小孩就不一样了，他们是以未知求未知，所以要告诉他，把刚才那句话擦掉，再写个正确的。

观点二：成人想学才学

经常会有人说：“我不想参加，没办法，是企业硬要我来学习的。”讲师要根据现场判断，激发学员的兴趣，让他了解学习的好处和此次培训带给他的利益。激发能量的方法，无非是追求快乐和逃离痛苦。

观点三：成人只学他们认为需要学的东西

成人只学习他们需要的东西，这是好事。我们的培训就是要有针对性，也喜欢有目的的学员。成人会根据以往的经验过滤内容，留下需要的。当在听课时，他们的心理就不断用以往的经验去评判，“某某是好的，某某句话讲得不对，某某句话我听过……”这样基本不会有什么收获。所以老师在课堂上的首要问题就是让学员抛弃以往的经验，学会用空杯的心态去开始每天的学习。

观点四：成人喜欢在做中学

实践最为重要，所以，英国有句谚语：“你听见了会忘记，你看见了就记住了，你做了就明白了。”

可以把人的五种感官和实践形象地比喻为通向大脑的六个通道，而这其中听－看－做是学习的最佳结合。培训师尽量创造这样的环境让学员能看见和去操作。

观点五：成人在非正式环境中学习最有效

成人喜欢受到别人的尊重和重视，成人比小孩的自尊心更强，更要“面子”，在众人面前喜欢听到积极和肯定的评价。如果在轻松、愉悦和友爱的环境下学习，心灵的开放度更高，更易于接受，效果更好。

说教式的培训形式往往收不到效果，因为大家都是成人，谁服谁啊！所以你看所有的讲师都是“交流、分享”。只有关起门来自己是老大的人才会出去夸夸其谈。

总结：成人培训要有轻松愉悦的开场，创造良好的学习气氛，所以我们要运用讲课、游戏、视频、角色扮演来激发学员的参与积极性，而不是浪费时间。这些都是由成人学习的特点决定的。

二、了解成人学习障碍

（1）环境障碍

环境障碍是大部分成人学习者需要克服的主要障碍，这类障碍主要是由家庭和工作环境引起。例如，家庭、工作环境中不具备学习需要的技术环境，家庭和工作的责任对学习精力和时间的影响，财政困难和交通不便等。

许多成人学生在学习的过程中需要兼顾工作和家庭，而且对于他们而言，工作和家庭往往比学习更为重要。一旦工作和家庭责任与学习发生冲突，成人学习者大多数会选择前者。因此，工作和家庭的压力对学习时间和精力的影响非常突出，成为成人学习者学习的主要障碍。

（2）生理障碍

成人随着年龄的增长，其生理功能也会出现衰变，如记忆力衰退、感知觉能力下降、各种器官活动速度减慢及体力上的减弱等。这些生理方面的障碍对成人的学习活动都会产生不同程度的影响。

（3）心理障碍

成人学习的心理障碍又称为态度障碍或性情障碍，它主要是指影响人们参加学习的个人信念、价值观、态度或观念。在一定生活经验基础上形成的思维定式往往使得成人对事物的认识和态度较难改变，那些对学习有消极影响的思维定式会成为学习的心理障碍。例如，不容易接受新概念，担心年纪大了学不好，认为在校学习比远程学习好。

（4）学习能力障碍

成人学习者和青少年学习者一样也会存在学习能力方面的障碍。例如，由于离开常规学习时间过久，很多基本的概念、规律、原理可能被遗忘，需要复习，或以前学习的知识已经陈旧，需要补充和更新；缺乏新的信息技能方面的训练；家庭和工作的压力要求他们掌握有效的学习技巧和方法，以提高学习的效率，而大部分成人长期缺乏学习技巧方面的训练。

上述这些都构成成人学习能力方面的障碍。

三、掌握成人学习的类型

成人学习的特征如图 1－2 所示。

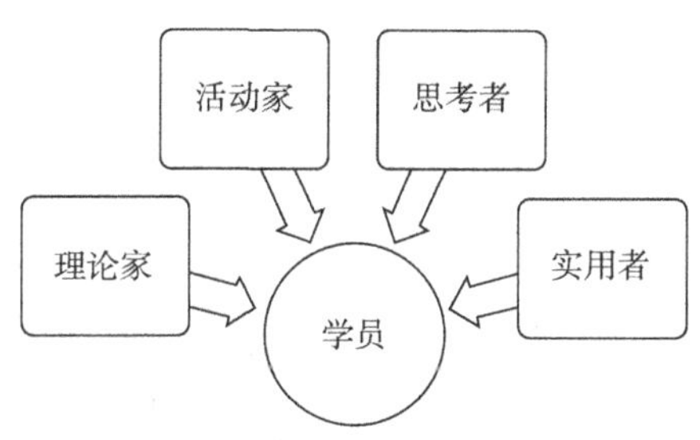

图 1－2　成人学习的特征

学员表现的几种特征：

理论家：打破砂锅问到底，不达目的不罢休。这种类型的人最需要有功底的培训师，真正坚持“给人一滴水，自己要有一桶水”的原则。

活动家：他们主要是在活动中体验、感悟，也是在课堂上可以利用的对象。当我们需要互动交流时，应该从这种类型的人开始，以便有很好的课堂气氛，同时他也是收获最多的一个。

实用者：他们听课目的是为了实用，他们最爱听的就是同行业、同一类型的案例，学到马上就可以用的方法，重要的是要告诉他怎么做。

思考者：他们几乎不怎么参与课堂的活动，你也没必要非要他参与进来不可，因为他的学习方式是顿悟。他们喜欢自己思考事情，记录你讲的知识后，自己会私下思考整理出他认为有用的东西，通常是培训效果影响最深远的一类人。

学习和运用是两回事。

观点一：掌握了四种类型学员的习惯，你可以利用学员的性格让他参与到你的课程中来。比如活动家是很好调动气氛的元素；思考者是要提防的元素，没事的时候你多请教他一些问题，看看他的深浅，因为这种人不是最浅的就是最深的，万一出手，就够你受的，所以要知己知彼。理论家和活动家都各有特色，基本上不一致。要学会如何更好地跟学员交流，以便达到课程的效果。

观点二：学习类型只是作为我们了解的部分，如果有长期的积淀，了解得越深就越有好处，正所谓“仙人指路都不如阅人无数啊”。例如，销售人员听了九型人格理论不会卖货了，管理者听了不会管理了，讲课的听了不会讲课了，为什么会出现这种现象呢？因为销售员不考虑卖货，主要想这个人是哪种性格，搞笑的事情就会出现，这就失去了学习知识的意义。

有的东西学了不一定要在自己工作中用到，因为你的火候不够根本用不成。你根据自己的条件判断什么时候学来的东西是现在用管用，还是将来用管用。我个人认为，只要是老师讲的都有用，只是你没有到火候，或是没有到那个时刻体会不到其中的奥妙之处。

从专业度上可以划分出三层学员，如表 1-2 所示。

表 1-2　学员在专业度上的划分和应对

层次划分	应对
资深专家	虚心请教，最好练就独特观点；出奇才能制胜，征服学员
棋逢敌手	交流分享，资源共享，宜避实击虚，展现自己的专长
大众学员	讲解分享，引导思维，灌输你准备的知识观点

第二章

Chapter 2

二看自己

一、培训师的职业角色

（一）思想定位

认知培训师的角度定位，不要把自己当成救世主一样，好像是来拯救学员的。

建立正确的认知，将你准备的观点、方法、理念平等地分享给大家。培训市场比较混乱，你应该确定自己做一个什么样的培训师。

（二）课程定位

讲课就要讲有生命的课程，有生命的课程是融入了自己思想的课程，有生命的课程是有自己感悟体会的课程，有生命的课程向有机食品一样是无污染的课程。

（三）角色定位

（1）从自己的角度讲：培训师是知识的载体和传播者，“知之为知之，不知为不知，是知也！”

（2）从培训的目的讲：是让学员受到启发、触动，让学员有观念上的改变，从而改变他的行为。

（3）从对比的角度讲：培训师比传统的教师有更多的角色，如老师、教练、顾问。从不同的角色上来说，有不同的要求，老师的要求是编写教材和课程的讲授；教练是教导指出学员的不足，让他的行为符合规范；顾问是解决学员在你的领域所遇到的问题，给予一个思路、一种方法。

培训师的职业定位有三种，如图 2－1 所示。

传道（知识）：老师具有传授知识的能力。

授业（技能）：教练具有指导实操的能力。

解惑（方法）：顾问具有分析问题和解决问题的能力。

老师

教练

顾问

图 2－1　培训师的职业定位

没有人是神仙，能把这些问题都做到，但是作为培训师，应该向这个方向努力，让自己变得更加专业、更有价值。

二、培训师的基础素养

素养一：正向价值引导

1. 以有利的方面为主导

站在台上，无论下面有多少人，你都是公众角色，不是个人。无论是在台下还是在很大的交流会议上，只要不上台，我说的话就代表我自己，可以随意些，但到台上就不行了，要特别注意价值导向一定是正面的、积极的、阳光的。这很重要，而且你还代表着一个行业的形象，这是职业责任的体现。

2. 讲师的观点立意要正向

我经常会收集别人的课件，看看有什么可以参考和借鉴的。有一次我收到一个深圳朋友公司的课件，名称是《三级片文化与营销宣传》，我看了觉得非常新鲜，也不知道他是怎么讲的，但我的理解是这只是个噱头，引发大家好奇，但是如果真的立意深入讲解起来，会有什么呢？这些黄色笑话、性文化，还是不能在课堂上讲的，在课堂上还是不要涉及这些内容。

正向的素材、观点、理论，无穷无尽，信手拈来，比如我们看看同仁堂的企业价值观“但愿世间人无病，何妨架上药生尘”，这说明什么？说明药是用来治病救人的，最好卖不出去，同仁堂做的是济世救人的事业而不是做生意，天下人都没有病是我的愿望，而不是盼着你天天得病，要我来给你治病。

老师如果没有一颗济世救人的心，爱心，就不要去当老师，看看电视或是网络上有的老师砍学生，学生砍老师的新闻，真是有点悲哀。

有一次，我参加一场沙龙课，听一个老师就和另一个人在谈论如何通过办教育赚钱的事情。一个人说："我有关系，找个北京的某某大学挂名，然后招生，你看人家某某学校不到两年，就什么都有了。"我在旁边听了一下，在想这样的学校要害多少学生啊，这样的学校不如不上，去社会上打拼，满街跑也好啊。

有的老师之所以来当培训师就是看中了培训师可以赚钱，觉得讲讲就可以赚钱。其实培训师的钱赚得没外人看得那么轻松，很辛苦。培训师每天半夜1点还在写课件，看文章，准备素材，搞不好还有被听众轰下去的危险，赚的其实是辛苦钱。培训师要承担难以想象的压力，有的老师讲一个课程，要和公司沟通多次，有的改30多遍大纲才能过关。

素质二：责任与成长

责任，是指对自己的责任，对学员的责任，对企业的责任和对社会的责任。

作为培训师，首先要对自己负责，自己是传道授业解惑的人，而传播出去的东西是自己品牌和品质的表现，所以首先做任何事情都要对自己负责，不能去讲自己不懂、自己没有体会、自己没有认知的课程。用一些讲课的手段与学员博弈，以技巧征服学员，从而得到自我满足，这是对自己的不负责任。对于社会人来说，我们自己的责任就是要讲自己有经验、有体会、有研究的东西，这样才能塑造自己的品牌，打动学员。

其次对学员负责。我们讲的东西都要对学员负责，讲一些马云、比尔·盖茨、李嘉诚的故事，讲的神乎其神，这样对学员有好处吗？给学员讲课程要因材施教，在学员水平之上该如何提升，才是我们对学员负责的表现。对学员负责就要指出学员的不足，指出学员的问题点，促进他的提升。

还要对企业负责。这个很难界定，简单说，对企业负责就是按照企业要求的去讲解，但是企业要求不一定都符合理论要求，而如果只符合理论要求，不符合企业要求，就不能赢得企业的认可。“干活不由东累死也无功”，那么到底怎么样才是对企业负责呢？按照企业的要求去讲解最合适的理论，比如以前强调的执行力，没有任何借口等，都是符合企业要求的，但是现在变了，有的企业主还需要员工有老板思维。

素质三：敬业

讲师要敬业，因为讲课是一个“体量劳动”，不是脑力劳动，没有人在台下什么都不懂，到台上讲课时就什么都懂了，所以脑力劳动是在台下就准备好了，站在台上就是一个输出的过程。一站一天，讲 8 小时、12 小时的都有，不是一般人能站得下来的，所以必须敬业，如果想偷懒怎么办呢？方法有很多，可以让学员自学、讨论、组织几个活动，让学员分享，时间一会儿就没有了，讲完课程走人，学员现场满意度还极高，这样的讲师大有人在。真正做到因材施教，一点一滴地浇灌，没有敬业精神是做不到的。

三、培训师的能力模型

思考：从图 2－2 讲师的能力中选出你认为最重要的三个能力。

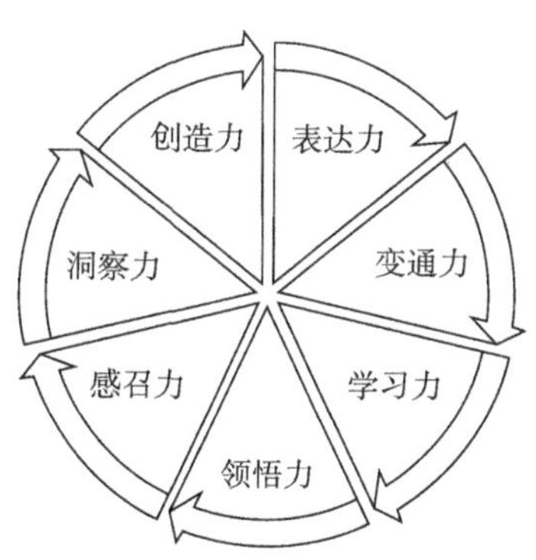

图 2－2　讲师的能力

答案或许五花八门，什么都有，如果让我选择，以下三个能力是我最看重的：

（1）领悟力：体现在讲授课程的深度和不一样的角度。

（2）学习力：变化的社会，学习力十分重要，快速和系统地学习是制胜的关键。

（3）感召力：相当于领导的影响力，通过它可以感染学员，让学员更加信任你的观点，从而产生触动，改变他的行为。

这种答案没有唯一性，仁者见仁智者见智，这是笔者做培训的心得和大家分享。

很多人还看中表达力，其实如果排的话，应该在最后。有多少人说话是别人听不清的，是说不清楚的？有的人认为，做培训师的口才好，一提到你是做销售的，认为你的口才也一定很好，这都是误区，只是表象，不是本质。

能力一：领悟力温故而知新

个人认为这是讲师的核心能力，子曰："温故而知新，可以为师矣！"

只有在平淡无奇中你才能总结、感悟和升华出不平常的东西，你才能给别人当老师。

每个人都见过河水，为什么只有朱熹有"问渠那得清如许，为有源头活水来"的感悟呢？

为什么只有哲学家赫拉克利特看到一条河时感叹原来人不可能两次踏进同一条河流？

我们的先辈、普通人走到河边，于是也有了"常在河边走怎能不湿鞋"的感慨。

这都是智慧，"上善若水，水善利万物而不争，处众人之所恶，故几于道"。请问从古到今有多少人看见过水呢？有多少人看见过河水流淌呢？有多少人看出了普通的河流所蕴含的知识和道理？

在我们身边发生着许许多多普通的事情，你能在这普通的事情背后，看到别人看不到的道理，得到别人没有研究出来的经验，那你就可以当别人的老师了。

一个大人为了测试一个小孩子的智商，就往地上扔了两张纸币，一张10元的、一张5元，问小孩捡哪一张。

第一层次——随便捡：如果是一个小孩，他就随便捡，因为不知道哪个好，哪个坏。

第二层次——捡10元的：因为知道了10元大于5元，算是成长了。

第三层次——两张都捡：更聪明的是两张都捡，因为两张都是钱，又成长了。

第四层次——捡5元的：最后只捡5元的，因为只有这样别人才会源源不断地扔钱。

大家可以看到一种现象，就是不聪明的第一层次和绝顶聪明的第四层次是一样的，这就是我们说的大智若愚。

对于老师来说，就是在这样一个普通的小故事中，能够体味出不同的道理，发人深省。

能力二：学习力是讲师的资本

变化的时代变化地应对，时代在前进，社会在变化。在互联网化的今天，信息瞬息万变，江山代有才人出，各领风骚三五年，“三十年河东，三十年河西”都成了“三年河东，三年河西”。作为先进知识理论和实践经验的传播者，作为知识信息潮头的神圣职业——培训师，如果自己的培训内容、培训案例及提供给受训者的信息还总是“十年前”的内容的话，可能不仅仅是受训者不满意的问题了。

既然学习力非常重要，那么学习力究竟有哪些来源呢？作为一个普通的职业者，如何才能通过各种不同的渠道来吸取资讯、提高自己呢？

（1）读书：学习力的第一个来源是书本，即通过读书来提高自己的能力。读书是最基本的学习力的来源，但是在现实中，很多人却感到自己工作繁忙，没有时间读书。如果平静地思考一下，每个人都会发现，自己其实有很多闲暇的时间，只是这些时间被浪费掉了。闲暇的时间具有伟大的力量，点点滴滴地积累，能够学习到很多的知识和能力。

（2）读事：读书虽然是最基本的学习来源，但却不是最好的提高学习力的来源。现在已经是资讯爆炸的年代，职业人每天都会接触到海量的资讯。完全吸取这些资讯不仅不可能，而且没有必要。无休止地追赶知识和资讯，不是聪明职业人的选择。为了提高学习力，聪明的职业人能够超越读书，上升到更高的层次——读事。

职业人把自己做过的事拿来读，把别人做过的事拿来读，其实能够获得很多新的认识。这种收获远比读任何管理类的书籍收获大。读事看似深奥，其实对于职业者来说很容易做到。隔一段时期抽出时间去回忆自己做过的事，甚至每天下班回家的路上考虑一下当天工作的得失，都可以得到进步。

（3）读人：读人是提高学习力的最高境界，是指从其他人身上学习对自己有用的东西。读人的时候需要着重向两类人学习：一类是某一领域的专家，另一类是自己身边的人。作为普通职业者，向自己身边的人学习更为重要。被学习的人肯定不是十全十美的，但同时也必然有值得学习的地方。在一个企业内部，要提倡员工向自己身边的人学习，即形成团队学习或组织学习的企业文化。

心理学家阿尔弗雷德的个性成因理论认为，一个人的个性由自我认知、期望认知和他人认知三部分组成，即自己对自己的认识、自己对自己的期望和他人对自己的认识。自我认知会被他人认知所影响，而自我认知又决定了期望认知；期望认知影响一个人的行为、表现及结果，而后者又反作用于他人认知。一个人生活在积极的他人认知中，对自己的期望认知也会更高；反之，一个人生活在被批判的舆论和环境中，其自我认知和期望认知都很容易变得消极。

大多数中国企业团队中缺乏他人认知，这更凸现了读人的重要性。通过团队学习，在团队内部培养积极的他人认知风气，能够帮助员工建立更为健康和良好的自我认知，提高他们的自我认知，进而增加个人和整个团队的学习力和竞争力。

能力三：感召力是观点置入的利器

培训最终的目标是把自己的观点置入学员的脑海当中，这就需要让学员相信你，信任你，而此时感召力是最有效的。听过马云演讲的人，会发现他有时候语无伦次，如果写下来，话的语法全都是错的，但是这并不影响我们理解他的意思，因为他激情飞扬，感染力非常强，没有人在意他的一两个语句的错误。讲师要多锻炼和运用这方面的能力。

能力之外是厚重的土壤：

（1）积累是培训师的源泉

为什么有的人能在台下滔滔不绝，而到了台上一言不发？

原因可能是害怕讲不好，紧张导致大脑一片空白，最主要的还是没有积累。假如你从自我介绍开始积累，可以介绍三分钟，再讲其他的内容，从 3 分钟到 10 分钟到 30 分钟到 60 分钟，再到 180 分钟，很容易就可以讲到一天、两天、三天，这就是一个培训工作的脉络和成长历程。

（2）社会经验是培训师的财富

假设有一家公司招聘培训师，刚毕业的要看看他的学历是本科还是大专，这都没有问题，但是如果一个培训师都从学校出来十年了，你还要以第一学历来评判他，这样的公司就没有什么成长观念了。按这样的逻辑恐怕你要去查一下他小学的成绩是不是每门都是 100 分，社会化的产物需要社会化的思维，要用成长的眼光看问题。

（3）坚持不懈地狠抓基本功

培训师必须注重培训技能基本功的训练，如教学设计要新颖，课堂讲授要精彩，案例要结合实际，点评要到位，多种培训方式相结合，沟通思维敏捷，充满激情和感染力的讲授技巧，高超运用现代教学设备的技能。这些都应该是培训师的看家本领，也是职业培训师区别于兼职培训师，优秀培训师区别于普通培训师的重要环节。

人们喜欢接受一个有亲和力，既知识渊博又使人愉快的培训师。所以，能否保持学员的兴趣和注意力，很大程度上取决于培训师的知识、驾驭场面的经验及能够将知识与实际情况结合起来解决问题的能力。做一个有亲和力的培训师，比高高在上，培训效果要好。培训师要坚持不懈地狠抓培训的基本功，才能够真正地成为优秀的培训师！

四、培训师三种风格类型

第一种自视权威，目中无人，把学员统统看作无知至极的人，滔滔不绝，自得其乐。

第二种照本宣科，毫无激情，支支吾吾，叽叽歪歪，就像苍蝇一样“嗡嗡、嗡嗡”，连得道高僧听了都忍不住大喊闭嘴。

第三种寓教于乐，注重互动体验，身心投入，动作夸张，尊重学员，从而获得学员的强烈共鸣，博得阵阵热烈的掌声。

五、培训师的编、导、演角色

一个好的培训师在他所教授的整个课程中都在贯穿编、导、演的角色。自编、自导、自演便能上演一部精心设计的“知识大戏”，在“头脑风暴”中让“观众”“如饥似渴”，让“剧情”“润物无声”。

（一）编剧——心中有数

每一次成功的培训，培训师必须要先做一名编剧，也就是做一个课程的设计者。设计课程首先应该根据培训目标、课程题目、受训对象，收集相关的资料、选择案例、设计问题、编写教案、准备演示的材料、学员讲义等。

从课程的开场、铺垫、讲解、过渡到收尾都需要有计划地精心“编排”。在整个课程中，培训师对整个课程的明线、暗线，主线、辅线，手法、心法，都有所把握，这样整个课程才可以熟稔于心，听众才会细细回味培训师的讲解。

一个好的课程在设计时应先破后立，去伪存真，课程中需要时时回顾，把术语变成话语讲解给学员。好的开始是成功的一半，有了精彩的剧本，接下来就应该充当导演的角色，来导这部“戏”。

（二）导演——手上有术

所谓的“导”，也就是教学的技巧。培训时，培训师在课堂上使用的一些方法、案例和实践操作手法，实际上很好地诠释了“导演”的职责。一个好的导演，应该根据不同的学习对象去选择教学的方法，并且要根据整个课程的时长以及现场学员的状态来安排课程的进度。

在气氛不高涨的时候，应该设法调动课堂的气氛；在课程的难点不易懂时，要在“暗线”中着重展开；在需要记忆的地方，应当适当运用“图形建模”、“语感口诀”来引导学员记忆。在教学技巧方面，一个好的 PPT 能为整个“导”的过程加分。培训师的 PPT 技巧既简单也实用，把复杂化简单，清晰明了，“点”到为止。

（三）演员——理性升华，感性演绎

“演”的这一部分，在培训中就是表达魅力的部分。我们最后上台演练时，学员都会对我们的语言、声调、手势、表情进行内在的评定和感知，这就要求我们不断提升自己的演绎能力，必须在课后的实践中反复训练，达到更好的效果。

讲授课程是一种“演绎”，不是一味地去照本宣科，需要更多采用讨论、练习、互动、竞赛的方式去培训学员，激发学员思考。很多时候授课是一种顿悟，是一种启发，用新的理念去演绎课程，会收到不一样的效果。

“台上一分钟，台下十年功”，当站在讲台上开始课程时，才知道每一次讲课需要无数积累，需要“量”到“质”的转变。“治水必躬亲”，在未来的实践中，慢慢体会作为一名培训师所需要的一切，一步步在实践中运用。

六、内训师的成长过程

内训师的成长过程如图 2 –3 所示。

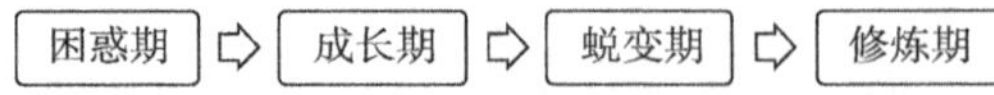

图 2 –3　内训师的成长过程

困惑期：刚入门时，几乎没有课程开发的能力，那时最困惑的问题通常是：上台紧张怎么办？如何能有效开场和结尾？遇到“刺头”学员如何处理？怎样应对不同的问题？课程时间的控制不好如何改善……而培训内容，大多是从各种途径收集相关主题的教材，拼凑而成。

成长期：跨越困惑期后，大多数内训师认识到自己专业技能的不足，除了思考如何提升专业技能外，也开始思考：如何调动学员积极性？怎样把握课程重点？为什么自己精心准备的内容学员并不买账……于是，开始思考：课程开发应该以课程和讲师为中心，还是以学员为中心？

蜕变期：走了很多弯路，遇到不少挫折后，开始认识到：培训是一种特殊的沟通，“投其所好”比“滔滔不绝”更有效，量身定做成为达到“学以致用”的最有效途径。

我们的课程开发核心从讲师和课程转移到学员，并利用一环扣一环的步骤和方法，帮助我们聚焦于问题，找对问题，明确对策，以此作为课程开发的基础，确保了真正适合客户的课程设计。

修炼期：很多企业内训师的目标是成为职业培训师。这条路并不平坦，因为离开了自己熟悉的行业和企业，重新出发，不但要有勇气，还需要超强的承受力、学习力和自我营销能力。

第三章

Chapter 3

三看企业

从培训师的角度来看，其对区域培训的管理工作不用知晓甚多，但是也需要了解区域管理工作的全貌，从而让自己参与其中，成为一位相对专业的培训师。下面将企业培训的完整体系介绍一下，让各位培训师伙伴有一个基础的认知和了解。

一、完整培训体系包含“两个基础与八个模块体系”

培训体系人员管理如图 3－1 所示。

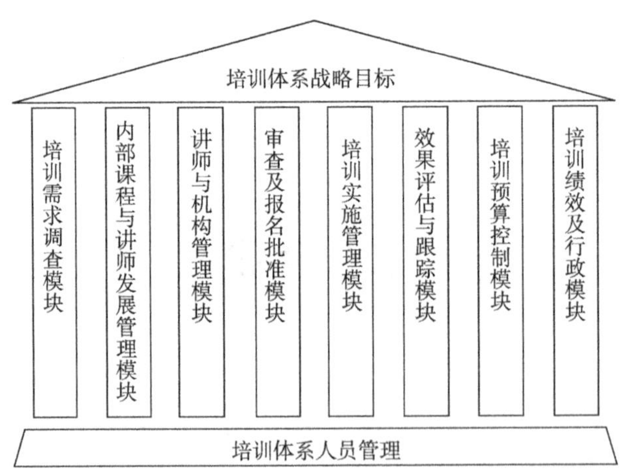

图 3－1　培训体系人员管理

（一）培训体系两个基础

（1）企业培训体系战略目标

企业在目前阶段、未来时期将怎样设定营销市场培训体系的战略目标，以配合企业发展。主要包括培训部门战略角色定位、体系架构以及发展规划。

（2）培训体系人员管理

企业培训体系人员管理是培训体系建立后执行的基础。将会为企业管理部门设计出现阶段和未来市场培训体系执行部门的不同形式和人员构成以及作用。例如：不同时期市场培训部门的组织结构、人力配置、职能职责、素质要求、招聘方法、动态跟踪及考核方法、流程制度要求等。

（二）培训管理八个模块

1. 培训需求调查模块

培训需求调查模块是培训体系的重要环节，它是一切培训工作计划的源头。一切有效的培训都基于清晰、明确、细致入微的培训需求调查。培训需求调查模块就是为了解决如何进行需求调查问题的模块。

2. 内部课程与讲师发展管理模块

内部课程与讲师发展管理模块是解决企业内部所需课程怎样进行开发管理和内部讲师培养问题的模块，具体包括怎样挖掘企业所需课程，如何设计课程架构，怎样编写教材，如何挖掘企业案例，如何进行内部讲师的培养，如何考核内部讲师，内部讲师的奖惩制度及管理等。

3. 讲师与培训机构管理模块

在初期的培训体系中，大部分非技术和业务培训将会通过外部的培训公司和讲师来进行。讲师和培训机构管理模块是管理外部培训资源、讲师资源的模块，包括怎样筛选外部培训提供者，怎样对外部培训提供者进行评级，培训公司的合作方法，如何对外部讲师进行筛选，如何进行审核及管理，讲师评估及奖惩等。

4. 审查及报名批准模块

这些制度对企业人员的岗位职责、关键能力、考核方法、发展规划等指标进行了严格定义。模块包括如何为受训学员分级定义，怎样设计与他们匹配的课程，受训学员的资格鉴定与审查，报名流程批准与管理等。

5. 培训实施管理模块

培训实施管理模块是培训项目具体展开所需要的实施支持模块，主要包括培训前准备、辅助设施的管理、课堂执行管理等。

6. 效果评估与跟踪模块

效果评估与跟踪模块就是对培训的成效进行检查与评价然后进行改进

提高的模块，也是将培训转化成结果的重要一环。主要包括如何采集数据，如何制订评估标准，如何对数据进行分析，如何进行学员行为的跟踪，如何进行培训改进等。

7. 培训预算控制模块

培训预算控制模块主要解决如何进行企业培训预算，怎样控制预算，怎样分配预算，如何针对不同级别员工安排预算等问题，包括培训预算来源管理，分级指标管理，培训预算调整管理等。

8. 培训绩效及行政模块

培训绩效及行政模块包括培训后勤管理、培训设施管理、培训差旅管理、财务报销管理、培训档案管理、讲师酬劳、绩效及人事管理等。

二、企业培训操作流程

对于培训部门来说，要具体地操作培训工作，比较完整的培训操作流程是从培训需求调查分析开始，然后制定培训计划，开发培训课程或外部引进并实施，实施后进行效果评估。具体如图 3－2 所示。

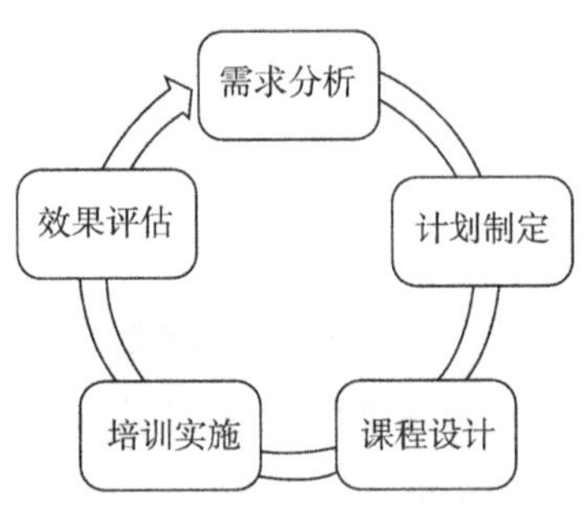

图 3－2　企业培训操作流程图

（一）培训需求的来源

培训需求的来源主要有两个方面：一是自上而下的需求。主要为公司的发展战略要求决定员工应该学习什么，应该具备什么，这样才能够让员工跟着企业的发展方向前进。二是自下而上的需求。在公司发展过程中，有很多基础的问题产生，有的是认知问题，有的是不具备条件，有的是大换血等，这就需要我们快速给员工补充知识，从而产生培训需求。具体如图3－3所示。

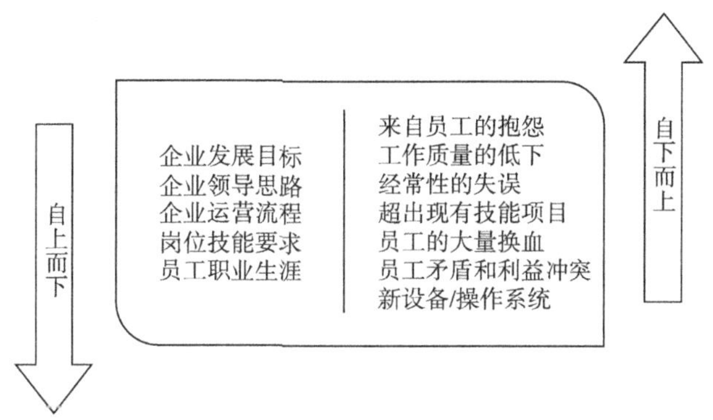

图3－3　培训需求的来源

（二）需求调查的方法

在企业内部可以采取很多调研需求的方法，完成培训需求的收集工作，以下介绍六种常用的需求调查的方法，如表3－1所示。

表3－1　调研需求的方法

调研方法	具体说明	优势	劣势
阅读文献资料	阅读公司的历史文献，主要是根据公司的战略报告等评定需求	权威、成熟、完备、缜密	繁杂、具有时效性，对提炼及选择要求的能力高于面谈
深度访谈	调查人员与被访谈者之间就给定的主题进行面对面的交谈，根据调查内容主线而获得所需要的相关信息	细致、感性、沟通好、反馈快	需要设计特定的时间、地点，易受外界干扰，耗时，对控场和沟通技巧要求高
观察分析	观察比较熟练的人员操作，与不太熟练人员的操作进行对比，产生需求	直观、简洁、省时、快速	受观察者水平的限制，被观察者容易紧张

续表

调研方法	具体说明	优势	劣势
内部研讨会	对公司需求有一定了解的基础上与内部人员就某一专题进行研讨，确定问题所在	全面彻底、接近需求	人员观点不一，难以确定
用户问卷	通过大样本量定量分析的方式得到市场一线的信息	面广、简洁、成本低	设计、制作受轻视，提炼较难
对标分析	将优秀企业的标准作为标杆，进行多方面研究，研究其不同之处	成熟、成本低	因是他人经验，需要本土化

（三）培训课程开发

有了培训需求之后，就要针对需求进行课程开发。培训部门要根据公司的发展要求，制订相应的课程体系，然后进行系统的开发，整合内外部讲师资源，为后期的培训实施做好充分的准备。

下面以笔者曾经服务过的一家公司，东铃商贸有限公司的培训课程体系为例进行说明，如图 3－4 所示。

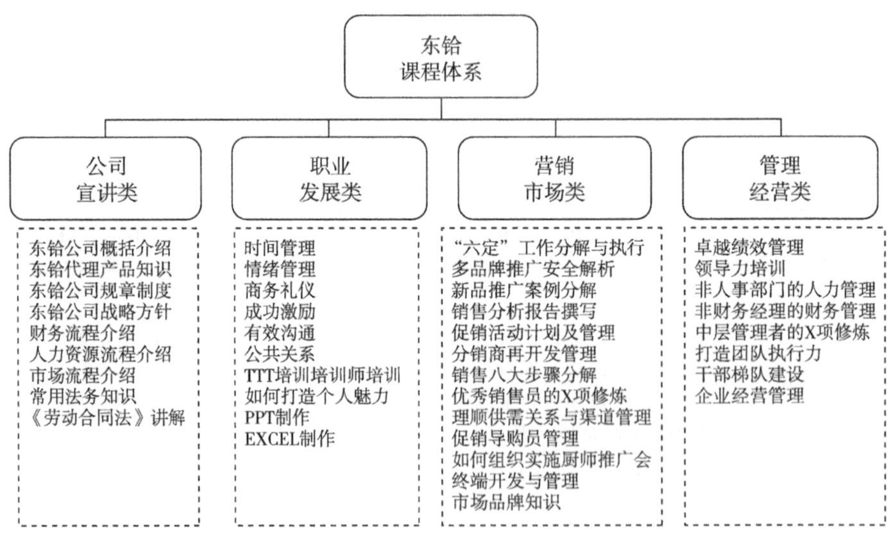

图 3－4　东铃商贸有限公司的培训课程体系

这些课程都是必须进行开发的，而这些也只是能够保证基本的需求而已。对具体针对性的需求，还要根据具体情况进行系统开发，以满足公司的培训需要。

（四）培训组织实施

企业员工培训具体实施的主要工作内容包括：

（1）培训内容的设计。根据企业培训需求的分析，设计每一次培训的内容。培训内容要具有针对性、实用性。

（2）培训师的选择及聘请。培训师可来自公司内部、咨询公司、大专院校、同行业公司。培训师的选择可根据培训的内容和培训师的特长而定，并直接影响培训的效果。培训师的聘请应签订工作合同。

（3）培训课程描述。课程描述是有关培训项目的总体信息，主要包括课程名称、目标学员、目的陈述、课程目标、地点、时间、预先准备的培训设备及培训教师名单。培训前应打印成表，发给每一位学员。

（4）培训时间的安排。根据公司的业务情况，选择合适的时间开展培训，避开业务销售高峰期、法定节假日等。

（5）培训场所的安排。培训场所的选择最好是独立的封闭空间，方便讨论学习。

（6）培训资料及器材的准备。每一项培训项目都应准备培训资料，主要包括培训教材、培训课程描述书、培训时间的安排表、培训记录表等，准备培训所需的器材（如板书用品、录像机、幻灯机、电脑、多媒体教学设备）。

（7）培训资料的保存。为每一位参训人员建立个人培训档案，记录每一次培训的基本情况和培训的考核结果。对每一项目的培训教材、培训课程描述书、培训时间的安排表、培训记录表都应保存。

（五）培训评估反馈

培训评估反馈是对培训质量好坏的衡量，是学员对此次培训项目满意与否的依据，让培训组织者知晓此次活动是否达到目的。

当前对培训评估进行系统总结的模型占主导地位的仍然是柯克帕特里克（Kirkpatrick）的四级培训评估模式——柯氏模式，其主要内容是：

第一层次，反应评估（Reaction）：评估被培训者的满意程度。

反应评估是指受训人员对此次培训的整体印象如何，包括对讲师、培训科目、设施、方法、内容和自己收获大小等方面的看法。反应层评估主要是在培训项目结束时，通过问卷调查来收集受训人员对培训项目的效果和有用性的反应。这个层次的评估可以作为改进培训内容、培训方式、教学进度等方面的建议或综合评估的参考，但不能作为评估的结果。

第二层次，学习评估（Learning）：测定被培训者的学习获得程度。

学习评估是目前最常见，也是最常用到的一种评价方式，是测量受训人员对原理、技能、态度等培训内容的理解和掌握程度，可以采用笔试、实地操作和工作模拟等方法来考查。培训组织者可以通过书面考试、操作测试等方法来了解受训人员在培训前后在知识及技能的掌握方面有多大程度的提高。

第三层次，行为评估（Behavior）：考察被培训者的知识运用程度。

行为的评估指在培训结束后的一段时间里，由受训人员的上级、同事、下属或者客户观察他们的行为在培训前后是否发生变化，是否在工作中运用了培训中学到的知识。这个层次的评估可以包括受训人员的主观感觉，下属和同事对其培训前后行为变化的对比，以及受训人员本人的自评。这通常需要借助一系列的评估表来考察受训人员培训后在实际工作中行为的变化，以判断所学知识、技能对实际工作的影响。行为层是考查培训效果最重要的指标。

第四层次，成果评估（Result）：计算培训创造的经济效益。

效果的评估即判断培训是否能给企业的经营成果带来具体而直接的贡献，这一层次的评估上升到了组织的高度。效果层评估可以通过一系列指标来衡量，如事故率、生产率、员工离职率、次品率、员工士气及客户满意度等。通过对这些指标的分析，管理层能够了解培训所带来的收益。

柯克帕特里克的四级培训评估模式是目前应用最广泛的评估模型，从反应、学习、行为、结果四个层面进行了论述，简单、全面，有很强的系统性和操作性。实际上，这个模型确实能解释有关培训计划的大多数资料，同时为以后评估模型的发展研究奠定了基础。但是，柯克帕特里克的四级培训评估模式仅仅是从情感上进行评估的，缺乏对培训效用大小的重视，而效用型反应与培训结果的转化相关性更大，因此出现了在此基础上的扩展模型。

三、有效的五种企业培训方法

多年培训工作过程中，笔者发现和运用了很多培训方式，但是其中比较有效的培训方式有以下五种。

（一）领导带头的读书会

企业中如果领导不支持培训，培训是没有办法发展的。有领导支持，培训工作才好做，而领导有带头读书的习惯就更加能创造企业内的培训氛围。

比如，领导读到一本好书，推荐给主管和高层去读，这是有力度的。领导只需要看里面的一句话，在平时开会的时候，提一提书的名字，我想高层或主管就要读完才能知道领导的意图，多么好的方式！而公司的员工知道领导最近经常引用这本书中的语句，他能不读吗？

领导带头读书是一个很好的办法，不过中小企业老板愿意给员工《没有任何借口》《把信送给加西亚》《请给我结果》这样的书籍，而规范化的大企业会推荐《赢》《营销管理》《高效能人士的七个习惯》等。很多时候我们推荐书籍不是要给员工下圈套和洗脑，而是要真正为员工的学习成长负责。没有员工傻得不知道你在给他洗脑，这样不会有好的结果的。

要推荐有内涵的，长盛不衰的书籍，比如《孙子兵法》《道德经》《资治通鉴》。当然，这些有点古老，当下流行的书籍也是可以的，比如

《史玉柱营销》《马云内部讲话》《互联网 +》《微信应该这么做才赚钱》等，总之，领导是企业的风向标，推动企业发展的原动力，因此领导带头读书效果最好。

（二）月度会议上的讨论

很多公司都是用“以会代培”的方式开展培训，这也是一个很好的方式，在会议上大家进行一些经验的交流和分享，对今后的实际工作是很有帮助的，而且是在之后的工作中马上就能用到的，我想人力资源或行政管理者应该多多重视。

在月度或是季度会议中，留出半天或是一天的时间进行学习的讨论分享，对于各个企业来说都是十分便捷的事情，起码费用方面会节省很多，培训部门的压力也会小很多，而且各个部门的领导和负责人都在，一旦有什么成果可以直接落地执行，效率很高。

不过这样的培训主要针对中高层，所以内容和老师的选择都要谨慎，而且要准备充分。后期主管们回到各个区域，还可以复制传播给各个地方的全体员工，形成二次培训扩展的作用。

（三）专题培训

在企业内部培训中，专题培训是最好的培训，一般 3 ~ 5 天的培训效果最好，带有实践操作训练的课程 7 ~ 15 天的最好。这种培训主题要鲜明，比如“经理人培训班”“金牌店长训练营”“销售精英训练班”等，这种系统培训的效果，要比单一的培训要好很多。这也是培训部体现价值的地方，看到第一期、第二期的学员不断成长，会发现自己也得到了提升。

搞培训就是要搞专题培训，把员工分层次，有针对性地去搞才能有效解决问题，而且这样的培训最好针对的都是关键岗位，公司的核心岗位。让核心岗位人员成长才有力量，才能让公司发展迅速。

（四）师傅带徒弟

很多时候，公司集中的统一培训鞭长莫及，需要用师傅带徒弟的方式进行时时培训，这种培训是最有效果的。当然要有一个负责任的师傅才好，企业里面没有很好的机制，师傅是不愿意教徒弟的。不像以前的师徒关系，徒弟就和仆人一样，还是免费的，因为他只要学到了师傅的技能就能安身立命了，师父做出多么大的贡献啊。现在的企业培训最根本的思想也来自师父带徒弟的成功。我们说读万卷书不如行万里路，行万里路不如阅人无数，阅人无数不如名师点悟。有了师傅的点化，徒弟会成长得很快。

（五）头脑风暴分享会

头脑风暴是非常有效的培训形式，对培训组织者的能力要求很高，可以让大家形成一种研讨互动的氛围。比如业务员回来了，说顾客说了一大堆拒绝的话语，怎么回答呢？小组的成员每个人想一条方法，就有几十条，然后让业务员去实践，到工作中去使用，用了后看效果，回来后再研讨。智慧都是这样产生的，这是集体的智慧，而不是找一个老师、一个名师讲一个方法，这一招好像是最有效的方法。

古语有云："求人不如求己"，更何况高人的方法不一定适合你，自己的路要自己走，自己的沟要自己跨，当然团队的沟就要团队一起跨，当团队有了自己解决问题的能力，那就一切都解决了。

如果有效地运用这些方法，无论是成熟的大公司，还是发展中的中小公司，都会有良好的效果。

第四章

Chapter 4

培训圈的乱象解析

在看完学员、企业和自己之后，我们看看自己所处行业中的现象。

一、现象一：保证自己的权威

我最早听说的一个观点就是："老师讲错了也是对的，你要保证你的权威，无论怎么说我都是对的，我没有错。"

这个观点一直被很多培训师推崇，所以沿着这个观点下去，你的教学理念就是"你其实不会，是我在教你，而且只要按我说的做，你一定会成功，一定能有好的业绩，一定能赚钱"。这种观点只能是骗人、骗己，要不然有人怎么经常说培训没有用，是忽悠人的东西呢？

解析：与其说是保证权威，不如说是保住自己的面子。垃圾年代的垃圾心理，不去努力完善自己，专攻要嘴皮子，有什么能登大雅之堂的。

观点：培训是一种分享。

培训是一种分享，老师是一个知识的载体，你在台上的要求是把自己知道的有效方法教给你的听众和学员。至于权威不是你维护下来的，是学员评说的。顺着这个思路下来会有"人人皆可为师，只要你有心得，老师讲的不一定完全适合你，但一定有参考借鉴的作用。学习是一顿营养大餐，不是给你输血，所以只有你消化吸收了之后才能运用"。

记住：今天学习结束才是你学习的开始。

推而广之：看完一本书是开始不是结束，听完一堂课是开始不是结束，上完大学是开始不是结束，读完 MBA 是开始不是结束……

二、现象二：都想一招制敌

有些学员无论学习什么都希望老师告诉他一个一招制敌的方法，叫绝招，或说"老师，你就告诉我最有效的方法，其他的理论我们都不想听，告诉我们实战的方法"。

观点：“九折臂而成医”。

这是所有方法中最有效的，一句话“九折臂而成医”。无论你做什么事情，一件事情你失败了九次（当然是多的意思），你就会是这个方面的专家，而且你的方法都是在实战中得来的。有人说：“搞笑，这不是没方法吗?”

对了，我们培训的目的就是让你不用“折九次臂”才知道。不折臂、很容易，这就是培训的目的，让我们避免犯错或等事情发生了知道如何处理最有效。真正的绝招就在你身边，根本不用别人教。

三、现象三：害怕别人“山寨”自己

有的培训师害怕自己的东西被别人学去，这不是很矛盾的事情吗？自己本身是来教人家的，而后又害怕别人学会，那你为什么还要来教人家呢?

解析：这种人根本就是没有能力，只有 1 元钱当然怕花了，如果你有一亿元，你再看看。

观点：真金不怕火炼。

真正的老师不怕被人学，学员学会，老师也成长了，谁值钱啊?

有的老师给个大纲都害怕别人把他的东西做成“山寨版”的，那不是很可笑吗？你的东西就这么没有含金量啊！把大师的东西都给了你，你也不会讲啊！比如余世维、曾仕强的光盘内容、讲义网上都有，你讲我听听。

四、现象四：培训师都是大忽悠

培训市场自从 2000 年开始火爆后，就不断升温、扩张，有点像高校扩招的架势。那时候无论是培训公司还是企业都是不理性的，公司一般打电话说：“你们那有什么培训，发过来我看看。”

而现在不是了，电话里都说："我们这有这个方面的问题，你们过来调查一下，看看应该开什么课程。"

2000年到2005年间开个"谁动了你的奶酪"、"把信送给加西亚"、执行力、没有借口等课程都火，大家可算是有救命稻草了，只要不这么做，你的企业就垮了。一点不理性。在2005年后，市场开始逐步走向理性，大家越来越觉得培训不是那么有用处，所以说培训没有什么用，忽悠人。2008年后什么宗教智慧、道法自然如雨后春笋般出来。

观点：越热的东西越混乱。

由于中国的快速发展和中国学校教育的缺陷，导致中国培训市场的需求膨胀，有钱可赚。还有就是在中国培训行业发展10多年的时间，现在正是快速发展的阶段，导致忽悠培训师的出现。

但这是不是主要的原因呢？我的理解是这样的，是市场的需求造就了培训师的忽悠，不是培训师的忽悠造就了培训市场的混乱。

有人说："你是培训师，你就替你们行业的人说好话。"不说培训行业，我随便举出几个行业的例子：

（1）你去街上能看到几个以中文名字命名的服饰品牌店铺？商场里到处都是英文的品牌，都是意大利、法国设计、原产的……是服装公司造就的吗？

不是的，是市场需求，不这样顾客不买。

（2）学英语，在校园里有30天突破口语、45天突破英语、90天突破四六级的课程。感觉只要上了他们的课，只要买了他们的东西，就可以高枕无忧了，还有姚明做广告、徐小平代言的英语学习平台，真的能行吗？关键还是看自己。

（3）美容减肥产品，这个机器、那个美白、那个瘦身都有奇效，是厂家自己开发的市场需求？

再回来看培训业，你会发现很多人不懂培训，也不知道培训怎么做，就跟培训师说："你就告诉我怎么做就可以了，其他的都别讲，我要效果，我要实战……"，好像今天上课明天公司立刻翻天覆地，所有的问题都解决了。

开始时大家都请大牌、名师，所以就出现了很多的创始人，很多的第一人，很多的排行榜，亚洲八大名师，中国2014年魅力培训师，细分的有深圳十大魅力培训师，管理培训十大魅力培训师……市场需求如此啊。

随着培训市场发展，逐步走向理性，各位请培训师的人也逐步变专业了，懂培训了，这样培训市场才能逐步落地，走向务实。这个市场的混乱说明在发展，这个市场走向理性，需要更多的用户理性，不盲目狂热地追求头衔、最新的理论、最前沿的方法，而是找适合自己的培训产品。

如果你被骗了，被盗了，被忽悠了，那你能怨谁呢？怨自己。你能怨忽悠的人吗？怨不上，就连马云回答有人对淘宝卖假货的质疑时也说："是你们自己太贪。"还是提升自己，好好修炼自己吧。

中篇
六字真经做培训

第五章

Chapter 5

“开”——好的开场是成功的一半

“好的开始是成功的一半”，大家都知道这句话，但是什么样的开场才是好的开场，我想应该先从开场要解决的问题开始。开场到底要达到什么目的，起到什么样的作用才是好的开场呢？

开场的目的有三个，如图 5－1 所示：

（1）打破僵局：打破对立的僵局。

（2）建立关系：建立平等的关系。

（3）营造氛围：营造快乐的氛围。

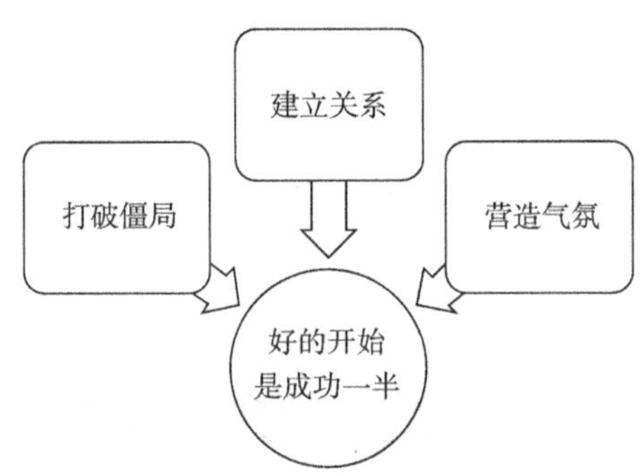

图 5－1　开场的目的

通过打破僵局建立关系和营造氛围，让学员进入培训的状态，正所谓“遵循先处理心情再处理事情的原则来进行开场”。

开场白的橄榄核定律：橄榄核的形状是两头小中间大，培训现场也是同样，最喜欢你的和最讨厌你的都是很少的，大部分人是中间，他们在做什么，他们在进行判断是选择喜欢你，还是讨厌你。因此我们的开场目标就是让他判断后喜欢你而不是讨厌你。

人都有理性的一面，不会仅仅根据外表判断，当然外表也是一个方面。现在的一些“帅哥”都看上去是丑的，但是女生却说很有男人味，所以评选调查唐僧四师徒谁更适合结婚时，大多数人选择猪八戒。开场我们要进行合适的引导，让其喜欢自己。如图 5－2 所示。

开场白的风格：开场白往往就确定了自己的风格。风格因讲师的性格不同而不同，比如赵本山属于语出惊人型，冯巩属于套近乎型，郭达属于

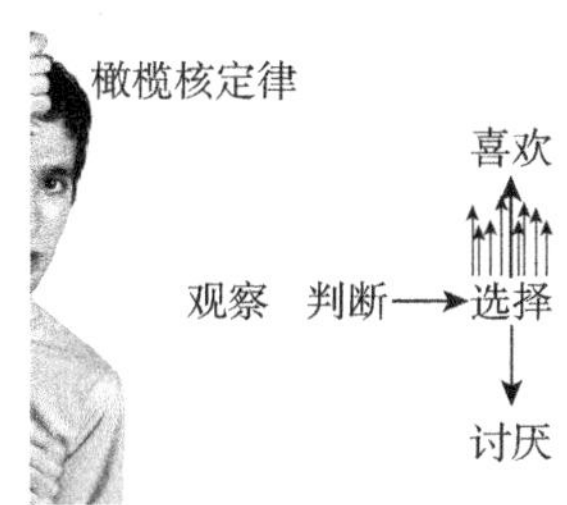

图 5-2　开场白的橄榄核定律

歇斯底里型。不要去模仿什么大师，真的大师你模仿了也没有用，你可以模仿他的课程架构，引用他的某些案例，不要刻意模仿他的行为举止和动作，因为那样让人看着不伦不类。你模仿得再像也就是一个山寨，根本成不了第二。李小龙是功夫影帝，成龙模仿的时候一败涂地，不模仿的时候，反其道而行之，大家却说他是李小龙第二，也就是当之无愧的功夫影帝。这就不是第一第二的排法，是第一代第二代的排法了。

一、开门见山

开门见山就是有啥说啥，直截了当地表明今天的主题，要说的是什么。

比如你是一位培训师，被邀请为公司的内部员工作一场“企业培训师培训”，你就可以这样说：“大家早上好！今天我们来交流一个话题，叫作《企业培训师培训》，这门课程的大纲已经在半个月之前发给大家了。最开始是由我们的项目推进组来发起提议学习这个课程的，说实话我就会这么点东西，还靠这个吃饭呢，让大家都学去我就失业了啊！既然大家有这个需求，那么我也就豁出去了，把我看家的本领都教给大家，大家能给予一点配合的掌声吗?”这样就是直截了当。

比如你在讲一堂演讲与口才的课程：“大家好，今天的主题是《公众演说与口才》，我们简称演说训练。我们先来搞清楚一个概念，就是演说、演讲、讲演都是一个意思，只是表达方式不同，而且你只要开口讲话就可以视为演说，所以今天的课程与大家有着密切的关系，希望大家认真参与。”

直截了当、开门见山的方式还有很多，在这里不一一列举，各位培训师在培训的过程中不断实践就可以了。

二、团队建设

团队建设开场是常用的方式之一，通过团队建设的开场，让大家互相认识，从一盘散沙变成一个坚实的整体，非常有利于培训工作的开展。

（一）团队建设开场作用

团队建设是十分有效的开场方式，可以起到很好的作用，总结归纳一下有以下几点：

（1）活跃气氛：由于团队建设是以任务的形式进行的，小组成员的积极性被充分调动起来，气氛会十分的活跃。

（2）便于观察：从团队的互动中，我们可以观察每个学员的表现，判断其中哪些学员是积极的，哪些学员是消极的，哪些学员是有影响力的，哪些学员是有待于提升的。

（3）激发竞争：通过 PK 调动学员的积极性，让各个队员把精力和思想全都集中到任务中来，使学员快速进入学习状态，并融入团队之中。

（二）团队建设操作步骤

团队建设的主要任务是起队名、选队长、定队呼、识队员，还可以画队旗、编队歌等，根据实际的操作情况进行筛选和编订。

团队建设开场时的引导话术：“一个学习型的组织怎么建立？怎么选队长？再取一个队呼，队名要简短。比如是‘狗熊队’，口号也要简短，好，给大家三分钟的时间完成这项任务。”如图 5－3 所示。

图5-3 团队建设开场时的引导话术

当大家都操作完成后，可以让学员和队长各自签订《学员承诺书》和《队长承诺书》。

学员承诺书

我________在此庄严承诺，我在接下来的______天培训中，将全力以赴，全心投入，积极参加每次互动讨论，并分享自己的经验。去学习、去尝试，去改变，相信在我的努力下，我会收获我想学习的知识与技能！

我的学习目标：

我的分享内容：

如果我做不到，我愿意接受______________的惩罚！（如20个俯卧撑），邀请二位小伙伴监督！

小伙伴祝福语：______________________签名：

小伙伴祝福语：____________________签名：

承诺人：

年 月 日

队长承诺书

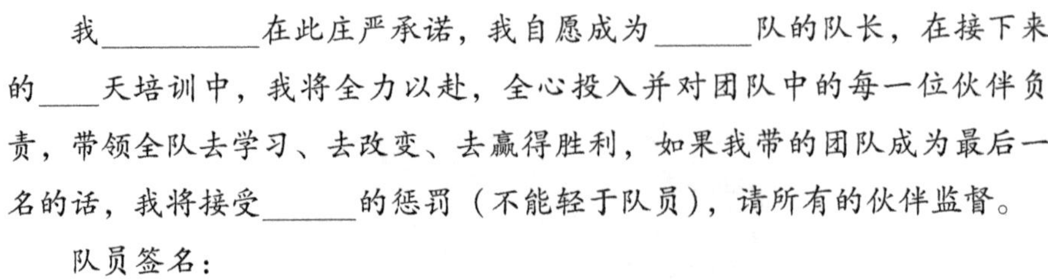

我__________在此庄严承诺，我自愿成为______队的队长，在接下来的____天培训中，我将全力以赴，全心投入并对团队中的每一位伙伴负责，带领全队去学习、去改变、去赢得胜利，如果我带的团队成为最后一名的话，我将接受______的惩罚（不能轻于队员），请所有的伙伴监督。

队员签名：

承诺人：

年　月　日

三、自我介绍

自我介绍也是很好的开场方法，能起到很好的作用，即可以让大家记住你，又可导引到培训学习当中。要想做到这一点也是不容易的，下面推荐几种方式：

（一）五元素介绍法

一般来说，好的自我介绍应该用五要素介绍法。这五要素如图5－4所示：

姓什么？ ⇨ 叫什么？ ⇨ 什么字？ ⇨ 何意义？ ⇨ 祝福语！

图5－4　自我介绍五要素

某人介绍自己时说："我叫周泽奇，周恩来的周、毛泽东的泽、刘少奇的奇，三位我最敬仰的伟人伴随我成长的每一天。跟我在一起的人，都会很信任我，因为伟人的品质包围着我。祝福在座的每位朋友，都能像周总理一样正直、像毛主席一样伟岸、像刘少奇一样博学。再次祝福大家身体健康，走向成功。"

点评：这样的介绍就包含了上面的五要素，能给人非常好的第一印象。

（二）与工作关联法

工作关联强调让别人记住自己，与更多的人产生有益的联系，从而达到携手同行共创成功的目的。工作关联法介绍的内容如图 5－5 所示：

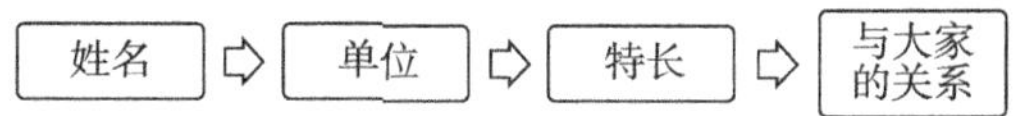

图 5－5　工作关联法介绍的内容

干一行，爱一行，在其位谋其政，属于哪个单位的，有哪些业务，可以将这些都介绍给别人，这就更容易促使自己业绩得到提升。

“各位好，我叫熊亚柱，来自国际职业在线联盟。我的特长是培训演说，就是企业培训与员工培训，希望我们以后合作，或者当您有培训学习的需要时，与我联系，我将给您提供服务。好，谢谢各位。”通过这样的自我介绍，人们就很容易了解这个人的单位、业务等相关内容。

点评：每个人都有自己的名字，自己名字所包含的意义也千变万化，在向别人介绍自己时，对于自己名字的介绍需要一定的技巧，因为，你赋予这个名字什么样的意义，则别人就会赋予这个名字同样的意义。

某人叫王土旦，他在很多人面前自我介绍“我叫王土旦”，大家一定会哈哈大笑，觉得这个名字土气不合潮流。但如果等大家笑过以后，他继续说：“我叫王土旦，王，君王的王，土，土地的土，旦，元旦的旦，就是地平线上一轮红日，土和旦组合起来叫坦。我祝愿在座的各位朋友，在通向胜利彼岸的旅途中能够走得顺当一点，平坦一点。谢谢你们，请记住我，我叫王土旦。”

自我介绍开场是常用的一种开场方式，即使你不用也要准备说明以下问题，因为它们都是学员期待的问题。

问题一：你是谁？

问题二：为什么要听你的课？

问题三：你到底要讲什么？

问题四：你讲的课程对学员有什么帮助？

问题五：有什么可以证明你讲得真好？

问题六：你对大家提出什么样的希望？（比如：要关掉手机……）

训练：根据这六个要求大家写出自己的自我介绍开场白，现在就写出来，然后大声说出来。

案例一：我是熊亚柱，自从立志做培训事业后，取“未出土时就有节，及凌云处尚虚心”之意，网名雅竹，大家可以叫我雅竹老师，我的课程快乐、分享、笃行、成长。在我的课程中不会有一招制敌的方法，都是一些可以改善的方法、路径。从业十余年来，每天坚持记录自己的灵感，写文章，学习实践，对于今天这个课程，我研究了好久，我相信过一会儿我的分享会给大家以启发，我们现在开始。

案例二：我叫熊亚柱，普通的名字，普通的人，在当今的社会中人人都追求个性，我也追求个性化，我的名字不够个性，但我的签名还算个性，我很喜欢，这种感觉有点像什么？像一座桥，一桥飞架南北，天堑变通途，祝愿我们在接下来的学习中，建立起一座沟通的桥梁，在学习的路上我们同行，我来带路，我们共同前行。谢谢！

案例一和二都要同时在黑白板上写下自己的名字，如图5－6所示。

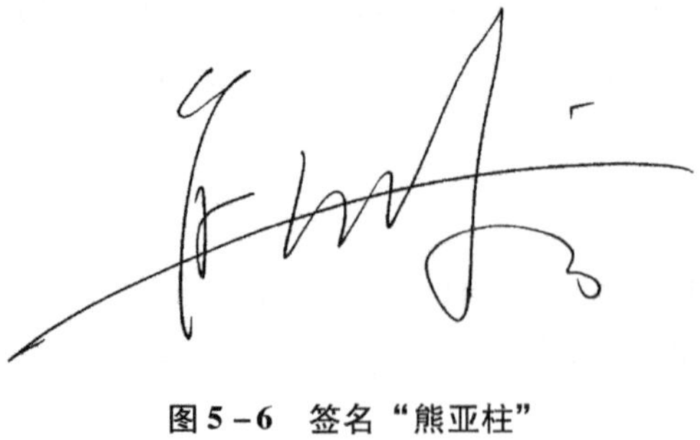

图5－6　签名“熊亚柱”

案例三：我叫熊亚柱，很普通又很土的名字，但是在当今社会，土好像更接地气。我这个名字最牛的地方就是，你在百度等网站搜索，找到的就是我一个人，没有第二个人重名，我是14亿中国人中独一无二的。当然每个人从某一个方面讲都是独一无二的，今天的学习，也是我多年总结提炼的独一无二的知识，相信一定能够让大家眼前一亮，耳目一新。大家有没有兴趣听一个世界上独一无二的人分享独一无二的知识？相信你一定会有独一无二的体验。

四、问题引导

开场设问要有逻辑，在日常交流中，我们一般不会出现表5－1中的情况，但是培训师讲课的时候却会在不知不觉中出现这样的问题，让学员云里雾里，摸不到头脑。

表5－1 培训师在开场设问时出现的问题

日常交流问话	朋友回答	培训师教学问话	学员回答
早晨吃饭了吗？	吃了	大家觉得执行力重要吗	重要
昨天领导有没有骂你啊？	没有	你知道“执行力”这个词谁发明的吗	不知道
老婆今天送小孩上幼儿园了吗？	去了	你们公司的执行力好吗	不好

日常生活中我们不会出现这样毫无逻辑的问话，而在我们培训师的课堂上却经常出现毫无逻辑的问题。

对于培训师来说如何改进呢？

对于我们的开场来说，可以这样引导进行提问：

“我们每个人都有不同的角色，对吗？”

“在父母面前我们是？”

“儿子。”

“在孩子面前我们是？”

“父亲。”

“在领导面前我们是?”

“下属。”

“在老师面前我们是?”

“学生。”

“是的，每个人都有不同的角色，在不同的时候我们要扮演不同的角色。今天我希望大家能够扮演好学生的角色。大家说可以吗？行不行?”

“行。”

这样的问题方式，是要进行设计和引导才能实现的，也是培训师功力的体现。

（一）问题引导之隔行如隔山

有句话是“隔行如隔山”，很多事情在我们这个行业是简单的、基本的，在那个行业的人就是不明白，搞不懂。比如我有一次把我们做的有关陈列的课件发给我的一个做培训的朋友，她惊讶地跟我说：“啊，原来你的服装和鞋子都是有规律摆的，我还以为是乱摆的。”

我说：“我也是，我没做这个之前我也以为是乱摆的，其实都是设计的。我们行业的、超市的产品也不是乱摆的啊，我们至少要抢占好的位子，80～120 厘米之间是最好的位置，其他次之。”

那么我们培训师行业也是这样，很多都是设计的，真正自己现场发挥的部分很少：

（1）你理解的培训有什么作用?

（2）培训师是起什么作用的?

（3）你认为培训师是做什么的?

（4）你认为培训师在培训中起到了什么样的作用?

（5）你觉得培训师是一个什么样的角色?

（6）你为什么要学习培训师培训呢?

说明：利用设问导引的方式说明一件事，让学员不知不觉进入你设定的情景中。

（二）问题开场之身边事更加让学员感到亲近

我问老婆：“如果从我们的时间长度看，最近五年你觉得什么最重要?”

老婆说：“房子。”

“如果是十年你觉得什么最重要?”

老婆说：“小美。”（我们的女儿）

“如果是三十年呢?”

她说：“少年夫妻老来伴。”

我说：“那么你会因为没到三十年而忽略我吗?”

她说：“不会……”

看到了吧，这就是问题引导的作用，思考一下引导问题：

“在生意场中如果只想干一年，什么最重要?”恐怕金钱最重要，能够赚到多少……

“如果是工作三年呢?”技能最重要，能够学到什么……

“如果是工作十年呢?”就应该是德行了……

解析：培训师可以运用最近的亲身经历，去引导并告知学员其中的重要性等。

（三）问题引导之忽悠开场

（1）设问

我想先问大家几个问题：

“请渴望成功，希望事业进步的朋友，举手让我看看!”

“希望发财的人请举手让我看看!”

“哦，有的朋友没有举手，难得你不希望自己成功吗?”

（2）承接

“我觉得太虚，是的，我们也认为成功有时候比较虚，所以我们今天来学习点实在的，如何数倍提升业绩。”

“我告诉你，今天我要强迫你成功，因为帮助大家事业进步是我的工作，今天我们要讲的课题是《提升10倍业绩的销售技巧》。”

（四）问题引导之吊足胃口

“嗯……大家好，我是今天的培训师熊亚柱。我今天要给大家讲的是，吃哪些食物可以减少疾病和缓解紧张。”

“女士们、先生们，首先请允许我问大家一个问题，您愿意再增加20年的寿命吗？如果愿意，那么请您在伸手去拿盐瓶之前三思。我是熊亚柱，今天我将与大家共同探讨10个非常简单而且已经被证明能够使您增加20年寿命的方法。”

五、故事开场

故事开场时有很多故事可以选择。故事开场的要点是选择有意义的、与现场状况匹配的故事，同时要发人深省，引发后续的思考。

《塞翁失马》说的是一个老人丢了一匹好马，邻居安慰他，他却很乐观：“呵呵，丢马不见得是什么坏事。”没想到，几天后丢了的马又跑回来了，还带回来一群野马。邻居恭喜他，他说：“呵呵，这也不见得是什么好事。”不想没几天，老人的儿子为了驯服野马，从马上掉下来，摔断了腿。邻居又来安慰他，他说：“呵呵，这不见得是什么坏事。”又过了一段时间，边疆起了战火，皇上征兵，将村里的青壮年男子都抓去打仗，只有老人的儿子因摔断了腿没有被抓走，于是保全了性命。

像这样的故事并不难找，难的是如何演绎好，讲好一个故事。

（一）如何讲好一个故事

讲故事，要有五个要素：何时，何地，何人，何事，何故。每个故事都应该包括这五项内容，才算表达清楚。何时的表述要开门见山，警示性地引起听众的注意；何地的表述要尽快进入场景，这样才会突出你想表达的主题；何人的表述要有名有姓，有名有姓才显得真实，也方便听众理清思路；何事的表述应注意具体化，描述细节化；何故的表述相对不太重要，是对听众的一个心理释放。

讲故事最重要的是对何事的讲解，换句话说也就是重现场景。重现场景的一个技巧就是表达具体化，描述细节化，这才能使听众以一个一致性的画面进入情节，限制听众的随意思考。因为听众的反应不一致，就意味着心理互动失败，心理互动失败，就达不到最佳效果。

（1）不要用模糊的概念。“可能是甲，可能是乙”，“好像是 1987 年”这样模糊的句子将会转移一部分注意力，也会让故事的真实性下降，可能直接导致说服力下降。相比之下，直接确定为甲，或者直接说 1987 年，故事则显得更加有说服力。

（2）不要用解释性的语句，尽量用描述性的语言，如因为…所以…。在描述故事发生时的天气时，你要说“那天因为天气很热，所以我穿得少”，就不如“那天天气太热，我这只穿了个裤衩”，说“因为台子有 8 米高，所以我站在上面发抖”，也不如“我站在 8 米高的台上，双腿发抖”，这样不会使人的思维发散。一种表述势必会影响内容的表达效果。

（3）讲故事的时候不要有谦虚的开场白。如“我记不太清了”“可能讲得不够生动……”等，这样无疑会打击听众的信心，认为从你的讲话中学不到什么东西，而且你自己连这个自信都没有如何让听众有这个自信。我认为合理的做法是，直击时间，勾起听众的注意力，人们的心理往往被后期的期待吸引。

（4）在讲故事之前，我认为第一句话的语调和语速很关键。如果第一句话较有力，那么首先会吸引听众的注意力，后面陈述故事的时候就会流畅很多。所以在讲话前，要吸气稳一下自己的心神，然后再开始，不要慌慌张张就开始。

（5）在讲一件事情或描述心理效果时，尽量用事实来侧面反衬，这样给听众的印象是生动的，形象的，记忆深刻的。如果说因害怕，事后发现衣服湿透了，则更加逼真。

（6）快速进入场景。能快速进入场景就能快速抓住主题，迅速将自己的观点传达给对方。一般一个说话啰嗦的人往往讲半天还在兜圈子，这时听众已经听烦了，大量的圈外活动使听众的心理期待数次落空，这时你的讲话就很难达到预期的效果。

（7）避免使用抽象化的语言。如果你想陈述你的学习成绩，你要说你总是优秀，是一个很笼统的概念，你应该说，你考试不是第一就是第二，这种对听众产生的效果是截然不同的。

（8）如果你想表达一种戏剧性的效果，你就应该使用因果倒置的技巧。因果倒置可能使听众恍然大悟，也可能使听众的心理期待骤然落空，这时笑声自然也就出来了。

（二）如何讲好一个人，最关键的是情感重现

喜欢一个人，就让大家都喜欢他，生一个人的气，就让大家都生他的气，只有做到这一步，你才算是有效地传递了这个信息。

在传递这个信息时要注意以下 4 点：

（1）用事例说话，用最典型的事例来突出你的思想。事例是别人不可反驳的，是论证性的，评论是阐述性的，所以真正产生作用的应是你讲话中的事例。

（2）指名道姓原则。对任何一个人均应该冠以名字，这样有利于听众接受。瞎编一个名字也要比没有名字强，笔者以前最大的毛病就是总力求准确，所以一段话中有很多个“可能”，这也大大降低了说服力。

（3）用对方的语言来表达他的态度、他的特征。比如语气，说话时候的动作、表情，重要在模仿，这样才能活灵活现地将他展现在听众面前，

也才能吸引听众的注意力。

（4）感情色彩，在表达一种情感的时候用合适的词语来表达感觉，这样才更容易获得听众的认同感，如儿童、小孩、孩子。

（三）讲述人的10个技巧

（1）选用典型事例，多注意身边的生活。例如，一天一个同事说《我的野蛮女友》真好，把她看哭了，这一句话让在场的一个女同事听了，第二天便借来了光盘说：“我今天也开始看”。这就是事例的作用，这个电影有10个好，我想我都不会去看，可是这个哭，打动了人。

（2）细节与具体化。在讲述一个人的时候，至少要有一个地方用好这个技巧，这样你要让一个人哭，是非常容易的。

（3）对比的方法。有了对比才能体现出幅度，才有了量度的概念。要说明送礼送2000元是厚礼，你应用工资2000元来对比。要是工资20000元送2000元就没什么意义了。

（4）比喻。一个恰当的比喻，可以省略你10分钟的描述，如长得像葛优，下面关于长相的话就不要说了，气氛也活了。

（5）对话。直接用他的语言，既丰富了你的语言，也给你提供了一个换角度说话的方法。

（6）最能打动人的方式，先抑后扬会让你更加佩服一个人，所以名人传记中，一开始都是苦日子。

（7）让人陷入沉思的方式。如先扬后抑，说某某某多么好多么好，可他先一步走了。

（8）前后一致，一环扣一环。开始唱戏时墙上有一把枪，到剧终这把枪一直没动，那么这个导演就不是个好导演。

（9）结论。用他自己的话与名人的话结尾，才能做到掷地有声，在末尾要注意使用总结性的语言。

（10）表演。一个人在台上要调动所有听众的注意力，没有动作的配合是万万不行的，正如一个成熟的演员在唱歌的时候没有一个是站着不动的。

讲完了一些原则后，故事就会有很多很多，这里提供几个笔者经常用的小故事，供大家学习借鉴。

【故事1】手段技巧用到极致，也改变不了事情的本质

一家股票代理服务公司运用这样的方法："找5000人的电话，分成两组，打电话给一组，告诉他们某只股票要涨，而另一组打电话告诉他们要跌。大家都知道，股票不是涨就是跌，第二天选择预测正确的一组留下，假设是涨了就把涨的那2500人再分成两组，同样的方法告诉一组涨，一组跌，同样，选择预测正确的一组留下，这样就第二次预测成功了。再如法炮制两次，就四轮了，这样就剩下312人。这312人被你告诉了四次都验证是正确的，那么他们就认为你们真的专业，真的是能判断股票涨跌的。这么专业的我帮你管理你的钱，你愿意交给我管理吗？

请问你是骗人了还是没骗人？

【故事2】有时候想要把课程延长是一件很容易的事情

甲对乙说："我给你讲一个故事吧！"

乙说："好的。"

甲讲道："一只苍蝇嗡嗡嗡，直飞向窗户，砰！撞死了。"

乙说："能不能讲一个长一点的。"

甲说："好的，一只苍蝇嗡嗡……嗡嗡嗡嗡……嗡嗡嗡嗡嗡嗡…………嗡嗡……，嗡了十分钟，然后直飞向窗户，砰！撞死了！"

【故事3】有时候问题的原因很简单

华盛顿广场的杰斐逊纪念馆大厦年久失修，建筑物表面斑驳陆离，后来竟然出现了裂痕。虽然政府采取了很多措施，但仍无法遏制，于是派专家调查原因。

调查结果是：冲刷墙壁所含的清洁剂对建筑物有酸蚀作用，而该大厦墙壁每日被冲洗的次数大大多于其他建筑，因此受酸蚀损害严重。

但是，为什么要每天冲洗呢？因为大厦每天被大量鸟粪弄脏。

为什么这栋大厦有那么多鸟粪？因为大厦周围聚集了特别多的燕子。

为什么燕子要聚在那里？因为大厦上有很多燕子爱吃的蜘蛛。

为什么这里的蜘蛛多于别处？因为大厦的墙上有很多蜘蛛爱吃的飞虫。

为什么这里飞虫多？因为飞虫在这里繁殖得特别快。

为什么？因为这里的尘埃最适宜飞虫繁殖。

为什么？尘埃本无特别，只是配合了从窗户照射进来的过于充足的阳光，形成了特别适宜飞虫繁殖的温床。大量飞虫聚集在此，以超常的速度繁殖，于是给蜘蛛提供了大量的美餐，于是燕子飞来了……

解决问题的办法非常简单：拉上窗帘，挡住过分充足的阳光。

转承：找到了根本的原因，我们才不会每天去做表面的文章。公司里面都有很多标语、使命、远期的指标、近期的指标、部门的指标、各种完美的制度、方案表格，但是没有执行力的人去执行它们，就是一张张的废纸而已。这些方案和表格在一个农民的手里，只有卷烟的作用，别无他用。

【故事4】朱熹写桃

朱熹小时候，在一个桃花盛开的季节，朱老夫子的老父亲要求他抄写唐诗：“桃花潭水深千尺，不及汪伦送我情。”当时朱熹还很小，当然也很调皮，心不在焉，寻思着：桃花正在盛开，我还在这里写桃花干啥？还不如出去看桃花呢，因为心里着急，把桃花的“桃”写成了“挑”字。不一会儿的工夫就写完了，于是请父亲点评。父亲检查出错了一个字，很严肃地说：“心正字则正，心不正则字不正。”意思是你的心态端正了，你的字自然就正了。你的心不正，那你的字就是歪的，或者说是错的。

朱熹非常羞愧，赶紧自己把这个“桃”字重新抄写了一千遍。

听到这个故事，我们是否也有这样的经历呢？只是由于自己心态不好，字写两行就变了，一篇篇的乱字，自己都懒得看。有人说现在都电脑时代了，谁还写字啊，其实恰恰相反，越是科技进步我们越不能丢弃本源的东西，只有这样的精神和心态，我们才能做好事情。所以我希望大家端正自己的心态开始我们今天的学习。

六、游戏开场

游戏是可以很容易让培训现场热起来的方式，培训师可以积累更多的游戏，到现场培训的时候就可以信手拈来，随心所欲进行开场互动。

培训师在运用游戏开场前一定要考虑学员的特性，根据不同的学员选择不同的游戏。比如后勤人员比较腼腆，就不利于运用劲爆的游戏，而销售员都很开放，反而不适合安静的游戏。

下面推荐一些比较简单有效，可以作为开场互动的游戏。

（一）游戏开场——“问好开场”

“大家早上好!”

第一种：好

第二种：很好+热烈的掌声

第三种：非常好

第四种：非常好+YES

第五种：好+很好+非常好+越来越好

（二）游戏开场——爱的鼓励

可以要求学员对你的问候进行反馈，根据学员对象的特点进行适当的选择和应用。引导话术可以是：各位优秀的伙伴大家好，我们为了在接下来的几天当中有一个很好的规范，有必要统一一下问候方式。当我问“大家好”的时候，大家可以回答我，“非常好”+热烈的掌声。听明白了吗?如果清楚了，我们现在准备演练一遍。

（三）游戏开场——“画图测试”

有些游戏要运用图形、表格进行，比如画图测试游戏。

前期准备：

（1）将图5－7打印出来，每人一份；

（2）将图5－8放到幻灯片PPT中，运用动画让大家看不到文字。

（3）让大家在图形上面创作，引导话术如下：

“首先我们来进行测试，大家用三分钟时间把它绘制成你想要的图形，也就是你可以在上面画线条，开始吧。”

（4）在第一个方格中写上形容词，如美丽的、阳光的、火爆的、妖娆的等。

（5）当大家都做完后，请几位学员按照PPT上的要求介绍自己，引导话术如下：

“现在我们看看第一个是什么，好我们请两位伙伴用这个句式读出你写的话语并介绍你自己。”

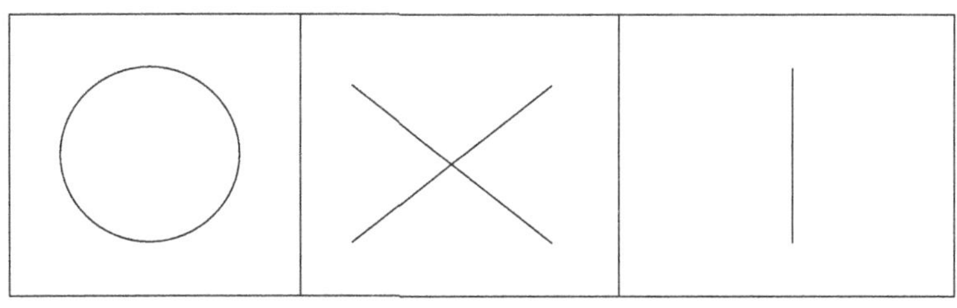

图5－7　玩图测试（下发版本）

备注：当学员填写好之后，在PPT上显示第二个空格里面的文字，然后让大家一个个地说：“大家好我是某某某，我的伴侣是……（美丽的/聪明的……）”这要看他填写什么了。

说明：每个人都说下去，每个人也会发现和比较出来不同，在这个过程中，我们可以创造快乐的学习氛围，也可以观察学员的状态，便于发现学员的亮点。

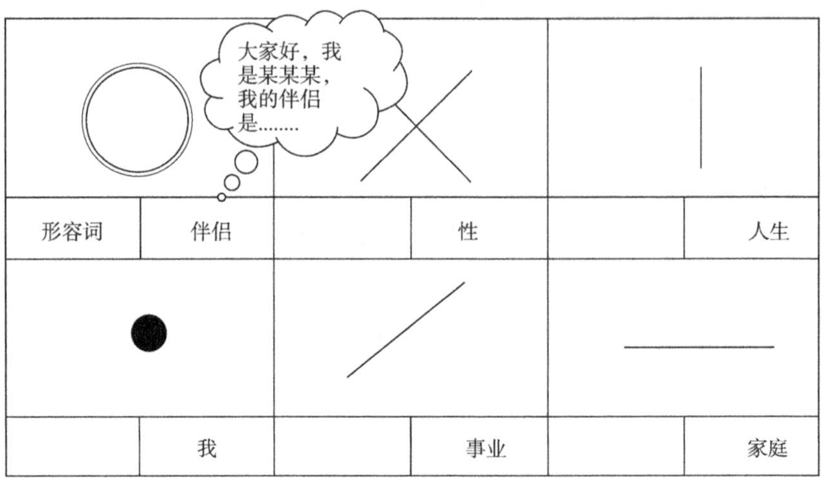

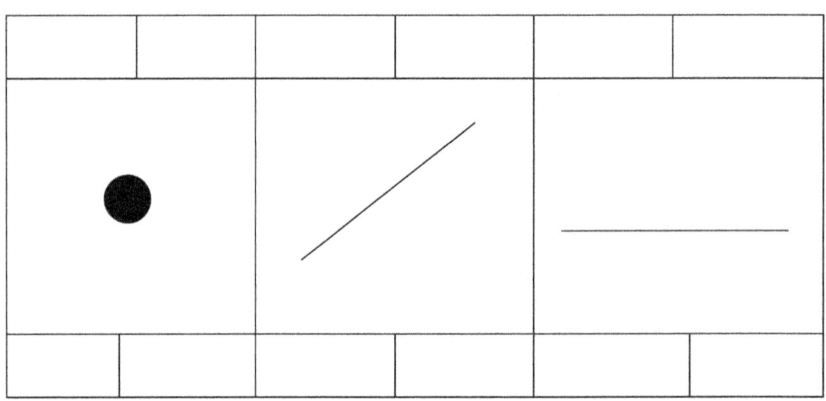

图 5－8　玩图测试 PPT 版本（PPT 上面的动画设置版本）

（四）游戏开场——“我是哪种小动物”

第一步给每个小组一张大白纸，第二步给各队一张大白纸，第三步让他们将最能代表总结的小动物画上去，第四步让学员上台解释为什么，进行一一说明。

（五）游戏开场——"九宫格互动"

给每位学员发一张 A4 纸，请大家用横竖画一个九宫格，在中间写上姓名，在其他的八个格子里面写上要求，如对环境的评价，对课程的期许，对培训主题的困惑等。完成后设定时间，请大家在全场寻找格子中有同样词汇的人，在彼此相应的格子内签名。时间截止时，得到签名最多的人获胜。

（六）游戏开场——"制作桌牌"

每位学员发一张 A4 纸和马克笔，看看他们如何制作自己的桌牌，根据大家的制作精美程度、固定程度、速度等来评定学员的优劣。

（七）游戏开场——"自我介绍"

这里的自我介绍是每个人的自我介绍，不是老师的自我介绍，很多学员不知道介绍些什么，所以初步列些框架即可。

如下：

（1）我的名字是什么。

（2）我来自哪里。

（3）现任什么职位。

（4）我的个人爱好是什么。

（5）30 天内我最快乐的事是什么。

（6）我对课程的期望是什么。

（7）掌声鼓励。

七、数据开场

很多主题也可以用数据开场导入。比如当你要讲解《如何提高生产效率》课题时，可以这样说："这个月我们的产品产量又提升了，累计加上前三个月，这个季度比去年同期已经提升了15%，我们在进步。但是我对比了其他车间，发现另外几个车间的增长率都在25%以上，和自己对比，我们在进步，和他人对比，我们在退步啊。下面我讲一个如何提高生产效率的问题”。

利用数据开场讲解，有时候能产生无比巨大的效果。

运用数据开场的注意事项：

（1）数字要真实：你所讲的数据一定是真实的，不是虚假编造出来的，不然很容易被戳穿，那样适得其反，而且杀伤力极大。

（2）数字要具体：数字说明一定要具体，比如56%、1243人等，就是要精确表现，不能采用“大概，或许应该是一万多人吧”这样的说法。数字很含糊，冲击力就不够，哪怕在不确定的情况下，自己预估一个数字也是好的。比如我说我大概演讲过上百场，就不如我根据自己所知道的情况，编个136场演讲，这给大家的感觉是完全不一样的。数字能表现出你说的话是有理有据，有具体记录的。

（3）数字要排比：数据最好不要单一，要形成一连串数字的感觉，这样让人感觉冲击力更强，才更像数据开场。

八、案例开场

案例开场是一个很好调动学员积极性、引发兴趣、激发思考的方式。现将案例开场要点说明如下：

（1）案例本身要贴近学员的日常工作，不然你用的案例再玄妙、再精彩都没有用。

（2）案例要有冲突性，学员听案例就是听冲突，只有有冲突才有趣味性、鲜活性。

（3）案例要能引发思考讨论，在案例的设置过程中要能够引发思考和讨论，便于后期培训的开展。

（一）以时间管理课题的案例开场

我有个朋友叫李雪松，是天羽公司销售主管，对自己目前的状态总结就是“焦急、忧郁、忙碌”。他感觉自己生活在一个滚轮里，每天在“查资料、见客户、处理投诉、看报表、跟进销售员业务、陪客户吃饭、出差、朋友聚会……”中永无止境地翻来覆去。渐渐地，李雪松陷入疲惫和彷徨：虽然每天都忙得不可开交，但实际收获却非常少，这样的日子还要持续多久？

如果你是李雪松，该如何进行时间安排呢？

（二）以新晋主管胜任力的案例开场

万豪集团业务部张大牛，在众多候选人中过关斩将，最终胜出，被任命为部门经理。为了快速在团队中树立自己的权威，他在办公室里摆出一副不可一世的样子，说话声音也大幅度提高，还做着各种手势，用命令的口吻指挥原来的同事做这做那，同时刻意地与原来的同事保持距离。

办公室的老同事陈升对张大牛的行为极其反感，私下里与其他同事议论：“张大牛真够牛的！有什么了不起的，还不是经常拍领导马屁，我若为五斗米折腰，还轮得到他吗？看来这种状况我们都是没有前途了，还是另做打算吧！”在陈升的怂恿下，几个老同事纷纷在集团内找关系，看看能不能调到其他部门。

张大牛察觉到老同事的行为后十分恐惧，私下想着：“如果部门同事纷纷调换部门或离职，我张大牛岂不是光杆司令？”但张大牛转念一想：“自己的做法也没错，当了领导就要进入领导角色，有领导的样子！”张大牛思来想去，没有找到改善的路径。

如果你是张大牛，你该如何跳出目前的窘境？

（三）以培训制度与落地的案例开场

潜客集团生产车间主任老陈是位非常优秀的技术员，根据公司新出台的《传帮带师徒培训制度》，培养新人既有奖金又有升职机会。这日，公司把一位新人小赵派给老陈，让他负责培训一下，老陈欣然答应。

小赵第一天上班，手上就起了两个大泡，老陈看到小赵很沮丧的样子，就不屑地说："这算什么，当年环境比这艰苦多了，我左手起了三个泡，右手起了两个泡，也没像你这样沮丧，现在的年轻人没有吃苦精神，还想学好技术，简直天方夜谭。"

小赵第二天就向公司申请离职，老陈感叹："我说得没错吧！现在的年轻人就是没吃苦精神，一天就熬不住了。"老陈对人力资源部说："以后再派人来一定要给我派能吃苦的，不然就算孔夫子再世也是枉然。"

老陈的说法正确吗？现在的年轻人真的就吃不了苦吗？

大家可以看出，案例的说明是有内在逻辑的，就是运用背景、冲突、疑问的方式交代事件的背景，描述冲突让学员感兴趣、认真听、去思考，用疑问抛出问题，让大家思考讨论，进入学习状态。

九、时事开场

时事开场要求讲师有很强的悟性和整合能力，能够根据身边随机发生的事情进行举一反三的讲解，要能够有理有据有实地展开，让学员从中受益。以笔者曾经应用过的一段时事来说明。

背景说明：早晨打开电视，看《朝闻天下》，发现刚好是植树节，有企业单位组织种树。

展开过程：

3 月 12 日植树节到了，企业人力资源部组织去种树，联系好地点、单位，然后用卡车把人拉到上山，记住中间要拍照，摄影留念。到场后，找到树苗挖个坑，把树苗埋好。有的坑都提前挖好了，大家就喝着矿泉水，给树浇点水。有的人知道会很累，自己还带吃的，边吃边玩，最后走的时候到处都是垃圾，之后树是死是活没人管。树苗死活完全靠天，最终荒山还是荒山，这样种树基本没有效果。树苗只有在兢兢业业守候的人的精心呵护下才能长成一片山林，给人民带来一片绿荫。

转入培训：请问各位参加过的植树活动是不是这样？

我们很多企业组织培训是不是和种树很像？培训也是如此，企业规定要培训，人力资源部组织老师、场地，到时间把人员都拉到现场，讲课过程中也是拍照留念，记录过程。

学员来后往椅子上一坐，反正来听了就算完任务。听完后，学到什么，回去后要做什么事情，不管不问，学到的知识是死是活，不管了。人力资源部问：有什么收获吗？学员把责任全都推给老师，说讲得不是太浅就是太深。

呈现价值：

古人云：“十年树木，百年树人”，说的是什么呢？

树经过精心的栽培过程，才能成长，这个过程要靠自己。别人给你一颗种子，别人给你一颗秧苗，你要自己把它培养成大树。今天我是提供树苗的人，至于土地、阳光、雨露、营养都是你自己的，你不供给大树所需的，再好的树苗也不会存活。

我们提供的是种子、树苗、鲜花，至于如何将自己培训的道理装点的百花齐放、绿树成荫、百鸟争鸣，那需要我们共同努力，把今天的课上好。

大家是愿意啊，还是愿意啊！！！

十、开场题外话

（一）开场纪律要求小技巧

（1）提出要求不要太强势，如“大家能看着我吗？这样能让我更有信心，同时也能让我知道我在和谁讲话”。

（2）“我给大家带来的好处有：第一，会很快乐；第二，认知什么是营销；第三，快速提升业绩。

“为了帮助大家能获得这三个好处，我也有几个小小的共识需要和大家达成：第一，手机调成震动；第二，不能抽烟，如果抽只许吸进去，不能吐出来。”

（二）开场注意——死得快的开场法

（1）太过高调：吹嘘自己是全国第一、某个领域第一、某个区域第一，总之我第一。

（2）太过谦虚：“不好意思我准备不充分，没有准备好。”没准备好你来做什么呢？谦虚等讲完了后再谦虚，开始就谦虚那不是谦虚，学员很容易认为那是无能。

（3）挑战学员：伤害学员的自尊，好像除了他行，别人都不行。

（4）过分讨好：“今天我真是长见识了，给这么优秀的一个团队讲课，真是三生有幸啊！”

（5）照本宣科：“今天我们要讲的主题是领导力，领导力是领导的能力，包含五大要素、三个关键。我们看第一个要素，领导者的气质……”

（6）自我炫耀：“我在这个领域还没有碰到比我强的，这真不是吹。”

（7）暖场时间过长：一个半小时还没有进入正题，就是两个字“扯淡”。

第六章

Chapter 6

“控”——好的控场能有效输出成果

一、课堂互动控场方法

（一）团队竞赛法

通过团队 PK 的形式激发学员的学习积极性，让整个课堂气氛活跃起来，形成全员学习、团队参与的好习惯。

第一步，宣布规则。当我们把团队分好后，要制订一些规矩，根据自己的要求进行规制设定，让规制为你服务。如表 6－1 所示。

表 6－1　团队规制

队长任务
带领团队完成三天的学习，并取得优异成绩。
队长责任
当队员出现迟到、早退、打瞌睡及其他影响团队学习的行为时，责任均由队长承担。（做俯卧撑 5 个起，5、10、20、40、80 倍增）
队名称呼
当团队取得阶段性成果时，展示之用。
备注
队长可以选副队长作为自己的助手，如果队长是女性，那么副队长建议选男性，以便于有人代替受罚。

第二步，根据信念进行摆造型展示，并大声喊出自己的口号队呼，使团队建设达到一个高潮，确认学员和团队是否都亢奋，并积极投入到学习当中去。如图 6－1 所示。

第三步，积分管理。在后期的培训过程中，讲师可以根据自己的课程内容、现场情况、学员表现给团队打分，进行分数的加减，让整体团队依然保持积极学习、主动学习的状态。如图 6－2 所示。

挑战者

激流勇进

十全十美

亮剑队

图 6－1　培训现场团队展示环节

加分项：

◎考勤　◎守纪

◎主动举手　◎回答质量

◎闪亮点　◎团队配合

◎综合表现

加分分数：

◎5级分数

◎一般事项为少分数

◎重大事项为高分数

图 6－2　积分管理

（二）问题研讨法

问题研讨是一个很多好的互动控场方式，运用得当能够产生很多群体智慧。但问题怎么问很重要，好的问题才有好的结果，如“现在我们来研讨一下我们的工作都有哪些问题”，这样的问法，什么也得不到，如果改成“现在我们看看有哪些因素影响了我们工作的开展”，“我们看看有哪些方法可以排除或是解决这个因素的干扰”。

研讨法的参与性很强，被誉为“互动法之王”，关键在于可以和很多的方法结合使用，如讲解法、案例法、角色扮演法、游戏法，会有很好的效果。

运用好问题研讨法要把握好下面几个关键：

（1）正确的问题引导。“我们现在来讨论一下，哪些因素影响了我们不能快速执行领导的决定？我们用10分钟的时间罗列下来，行吗？现在开始。”

（2）时间要合适。“好的，现在我给大家三分钟的时间研讨一下，一个公司的发展战略应该怎么做。”这个话题太大，时间又不足，就无法有效互动。

（3）现在开始。“我们下面来研讨一下，培训师常犯的几个错误好吗?”你会发现没有一个人动，都被你催眠了，所以要给一个明确的指令——现在开始。

（4）去观察。开始之后，请让自己走开，不要靠近学员，以免影响学员的研讨，但是一定要观察学员的进展。

（5）到最后三分钟时提醒一下，如果你的研讨是十分钟。

（6）可以放点音乐，营造轻松的氛围。

（7）开始后就不要讲话了，因为讲了大家也听不见。如果要讲，请说“打断一下，我再补充两点，一点是……，第二点是……”

（三）角色扮演法

角色扮演法的优点有以下几点：

（1）参与性活动

可以充分调动受训者参与的积极性。为了获得较高的评价，受训者一定会充分表现自我，施展自己的才华。受训者都知道怎样扮演指定的角色，在扮演的过程中，受训者会抱有浓厚的兴趣。

（2）具有高度的灵活性

从测评的角度看，角色扮演的形式和内容是丰富多样的。为了达到测评的目的，主试者可以根据需要设计测试主题、场景。在主试者的要求下，受试者的表现也是灵活的。主试者不要把受试者限制在有限的空间里，否则不利于受试者发挥真正的水平。

从培训的角度看，实施者可以根据培训需要改变受训者的角色，与此同时，培训内容也可以做出适于角色的调整。在培训时间上没有任何特定的限制，视要求决定长短。有关人际关系的培训，从培训设计上就已经消除了由于人际交互作用所产生的不利影响。

（3）按自己的意愿

角色扮演是在模拟状态下进行的，因此受训者在做出决策行为时，可以尽可能地按照自己的意愿完成，不必考虑在实际工作中决策失败可能带来工作绩效的下降或失败等问题。受训者只要充分地扮演好角色就行，没必要为自己的行为担心，因为这只是角色扮演行为，其产生的影响可以控制在一定的范围内，不会造成不良影响，也没必要在意他人对你的看法。

（4）需要配合

在角色扮演过程中，需要角色之间的配合、交流与沟通，因此可以增加角色之间的感情交流，培养人们的沟通、自我表达、相互认知等社会交往能力。尤其是同事之间一起接受培训进行角色扮演时，能够培养员工的集体荣誉感和团队精神。

（5）锻炼机会

角色扮演培训为受训者提供了获取多种工作、生活经验和锻炼的机会。这一角色扮演法的优点是就培训而言的，因为在培训过程中，通过角色扮演，受训者可以相互学习对方的优点，可以模拟现实的工作生活，从而获得实际工作经验，明白本身能力的不足之处，通过培训，使各方面能力得到提高。

缺点：

（1）如果没有精湛的设计能力，在设计上可能会出现简单化、表面化和虚假人工化等现象。这无疑对培训效果会产生直接影响，使受训者得不到真正锻炼和提高的机会。同样，在设计测评受试者角色扮演场景时，由于设计不合理，设计的场景与测评的内容不符，就会使受试者摸不着头脑，更谈不上测出受试者的能力水平来。

（2）有时受训者由于自身的性格不乐意接受角色扮演的培训形式，而又没有明确拒绝，其结果是在培训中不能够充分地表现自己。而另一种情况是有的受训者参与意识不强，角色表现漫不经心，这些都会影响培训的效果。在测评的过程中，由于受试者参与意识不强，没有完全进入角色，就不能测出受试者的真实情况。

（3）对某些人来说，在接受角色培训时，表现的是刻板的模仿行为和模式化行为，而不是反映他们自身特征的行为。这样，他们的角色扮演就如同演戏一样，偏离了培训的基本内涵。在测评受试者角色扮演中，如果受试者也表现得刻板或行为模式化，测评就失去其意义。

（4）由于角色扮演时，大多数情况有第三者存在，而这些人或是同时接受培训的人，或是评价者，或是参观者，自然交互影响会产生于受训者和参观者之间，这里的影响是很微妙的，但绝不容忽视。

（5）有些角色扮演活动是以团队合作为宗旨的，在这种情况下可能会出现过度突出个人的情况。这也是角色扮演中很难避免的，因为一旦某个人表现太富于个性化，就影响团队整体合作性。

为了弥补角色扮演的不足，还必须对受训者或受试者提出一些具体的角色扮演要求：

（1）接受作为角色的事实。

（2）只是扮演角色。

（3）在角色扮演过程中，注意态度的适宜性改变。

（4）使自己处于一种充分参与的情绪状态。

（5）如果需要，注意收集角色扮演中的原始资料，但不要偏离案例的主题。

（6）在角色扮演中，不要向其他人进行角色咨询。

（7）不要有过度的表现行为，那样可能会偏离扮演的目标。

由上所述，角色扮演法既有自己的优点，又有不足之处，是一种难度很高的培训和测评方法。要想达到理想的培训和测评效果就必须进行严格的情景模拟设计，同时，保证角色扮演全过程的有效控制，以纠正随时可能产生的问题。

（四）案例分析法

案例分析法的实施步骤如下：

（1）介绍一下案例的背景。

（2）将参与者分成几组，通过介绍形成良好的氛围。

（3）各组研讨，找出问题的症结所在。

（4）挑出最理想、最恰当的策略，由培训师总结。

1. 案例分析法的优劣分析

优点性：可以调动大家的积极性，印象深刻，参与度高，及时反馈。

不足之处：案例来源有限，状况比较单一，对讲师和学员的概括能力要求较高。所以没有多少经验的学员和老师很难运用这个方法。

2. 案例分析的应用和建议

（1）精选案例。反映抽象理论的案例有多种渠道来源，最常用的一种渠道是各种媒体，如书报、杂志、电视广播等。收集这类案例时培训师应做有心人，及时摘录书报杂志上的案例，从电视、电台看到和听到的案例应随时将其大意记下来。

另一种渠道是讲师自己深入实践，在第一线收集有关资料。这种案例的编制要求讲师要对活动实践有着敏锐的观察力和概括力。此外，讲师也可以有意识地编制一些典型案例，当然这种方法要求讲师自身对理论有深刻的理解和把握，能够通过合理的想象挖掘既来源于现实生活又超越现实生活的，具有一定艺术性、真实性的题材。

（2）案例的分类取舍。讲师不可能把收集到的与所讲课程内容有关的所有案例都纳入课堂讲授范围。因此，必须对已收集和编制的案例进行认真分析与比较。

在分析与比较过程中应坚持的基本原则：

一是优先选取最典型的案例。典型案例往往是多种知识的交汇点，运用在教学中，最有助于说明复杂深奥的法理。

二是案例应与相应的理论贴近，表面现象的牵强附会将会误导学生，结果很可能事与愿违。

三是所选取的案例切记庸俗。讲师有教书育人的责任，不宜在课堂上过多地讲述社会的阴暗面，也不宜过多地讲述与教学内容无关的背景资料和小道消息。

四是选取的案例不宜太复杂，切忌喧宾夺主。案例要为理解理论服务，要有针对性。

（3）**案例的应用**。这是采用案例分析法讲授有关理论的关键环节。应用案例的方法有多种，常见的一种方法是讲师根据授课内容先讲授基本的理论含义，然后用案例加以说明，或者先讲授案例，然后水到渠成地引出有关的基本理论。

但案例的应用千万不能仅局限于此种方法，必须灵活加以应用。讲师必须根据授课对象所面临的具体场景，充分调动学生的积极性和主动性。当然这种方法要求讲师提供案例时在方式方法上要进行巧妙构思，要掌握数倍于学生的背景材料；讨论中要引导控制讨论，同时要避免完全由讲师控制讨论；应注意倾听学生的发言，并进行适当的引导，使所有学生都参加讨论；讨论结束时要做好总结。总结也并非一定要由讲师进行，完全可以采用由学生自己进行总结、讲师适当加以点评的方法。

（4）**案例延伸**。所谓案例延伸，简单地说，就是让学生在学习某一基本理论知识的基础上，通过仔细观察现实生活，努力寻找反映理论原理的案例，并用所学过的理论对所观察到的事实现象进行分析，以进一步加深对所学理论及分析方法的理解。准确地讲，这一工作已不是一般意义上的理论讲授，而应划归理论的应用范畴。但从其目的来看，主要是为了加深对理论的理解并为学习专业理论及培养专业技能奠定基础，仍可划归案例分析法的范畴。

世纪万豪公司人事经理刘欣，在 2014 年 4 月接到了一份 20 多名店员签字的加薪申请书。刘欣读完后深有同感，是啊，现在物价上涨得非常快，柴米油盐都涨了 30%，而工资却只涨了可怜的 5%，肯定不行。于是刘欣写了一份申请加薪的报告并附上店员们的请愿书，提交给了分公司总经理，申请给员工加薪。

总经理看后找到刘欣说：“我们公司加薪是有年度安排的，年初刚刚涨了工资，现在没有理由加薪。你要认清楚自己的角色，不是要帮着员工向公司要求加薪而是要为公司人力成本考虑。”

刘欣听后如晴天下雪，心里想各种物价上涨是明摆着的，员工的心声也是白纸黑字写的，自己体恤劳动大众的疾苦有什么不对？万一这批员工集体跳槽或离职，我该怎么办呢？刘欣不知如何是好。

如果你是刘欣，你会怎样面对这种情况呢？你该如何确定自己的角色协调各方关系？你该如何防范自己的管理角色错位？你该注意哪些管理中的错误行为？

要点分析：

刘欣自我角色认知不清，犯了两个错误：

第一，忘了自己管理者的角色。人力资源管理者在薪酬方面要看市场，看竞争环境，看企业的定位，而不是看同情心，看员工是不是请愿。

第二，犯了同情者的错误。作为管理者，我们要有爱心，爱护员工，但以同情者的姿态表示赞同、支持都是不对的角色错误行为。

刘欣应该这样做才对：

应该认识到自己这样的做法是管理角色错位，做了人民群众的代表，用一颗同情心去做事情是不行的。

第一，不做同情者，即不赞同也不反对，同时也不要埋怨公司。

第二，调查这批员工的动机，是有组织的，还是自发的，以确认性质。

第三，调查同行业工资上涨情况，调查员工由于工资低离职的情况，汇总各种数据。

第四，汇总各种数据分析形成报告，并提出自己的建议。无论是否加工资，对上对下都会有个很好的交代。

综述：在做案例分析前，自己不但要准备好案例，设计好案例，更要有自己的观点和分析，然后再根据案例分析法的要求，去讲解演绎，完成和学员互动的全过程。

（五）活动体验法

活动体验法是借用游戏提高学员认知度与学习兴趣的教学法，是现在很多培训师最喜欢运用的一种课堂互动工具。具体来说，游戏法有如下特点与问题：

（1）活跃气氛，提高热情。

（2）制造感受，帮助理解。

（3）为游戏而游戏。

目的比方法更重要，而游戏法存在的最大问题就是：为游戏而游戏，迷失自己的目的。所以游戏法一定要和研讨法结合起来运用。

游戏结束后，培训师者需要问学员两个问题：

第一，游戏的启发。这是就事论事的问题。

第二，实际中遇到的同样状况。这是和工作密切相关联的问题。

提这两个问题，可以使学员既思考游戏本身，也思考游戏的现实意义，从而不至于形成为游戏而游戏的局面。

（4）掌控与引导。

培训师一方面要掌控整个游戏法的进程，使游戏不偏离预定的教学目的，另一方面在游戏时要注意引导学员自己说出答案。自己的嘴巴离自己的耳朵最近，所以当学员自己说出答案时，最容易相信这个答案的真实度。这就是所谓的精神管理，也是所谓的苏格拉底法。

折纸体验活动

每人一张A4纸，随便你折成什么样子，现在开始。

活动点评：你折成了什么样子？有没有想过要折成什么样子？想过的话是我们自己心态的一种流露，请问你为什么没有折成飞机？你想到了为什么没有去做呢？因为我没有要求。假设这张纸就是你的人生，就是你的工作，没有要求，你就随意折吗？

当初我自己就折成了这样，后来我后悔，为什么没有好好地折？反正是个游戏吗？这就是你最真实的态度，没有要求，你就不去做好它。我们需要锻炼的事是无论有没有要求，都尽量达到自己的最好、最佳状态。

从一个简单的折纸游戏开始。在接下来的学习中，我们是不是要吸取这个教训，去积极地参与，目的是对得起自己付出的时间，让我们一起努力好吗？用心去做了，我们就继续发挥，没有用心去做，就转变观念，让我们一起努力，做得更好，好吗？

通过这样的引导和过程体验，让大家知道什么是态度，态度是做给自己的，不是做给别人的。

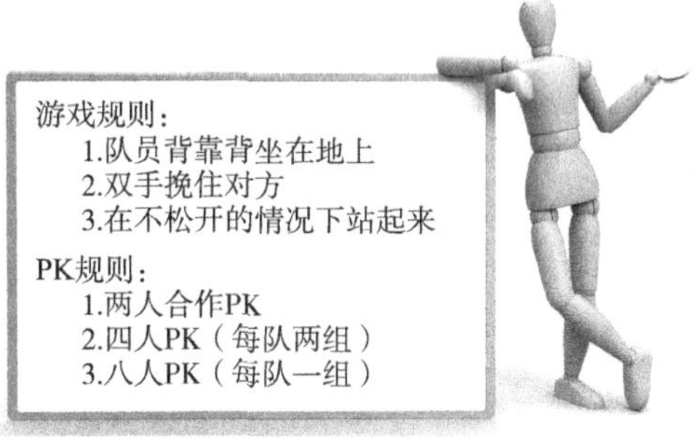

图6－3 人山人海游戏规则

图6－3的“人山人海”游戏体现了互相支持的精神。当两个人背靠背坐下后，很难起来。很多人只想自己，想要自己先起来，然后去带动另外一个（如图6－4所示），其实这样是不科学也不现实的。最容易的方法是大家相互支持，用背部的力量去顶对方，这样形成一个支点，通过两腿的力量加上第三个支点把两个人带动起来，

图6－4 人山人海游戏失败实例

再多的人，原理是一样的，只是需要团队统一的命令和统一的配合，不然很难快速站起来。

（六）头脑风暴法

头脑风暴是产生更多好方法的源泉，因此很多讲师都希望能够运用此道进行课程的讲授，同时自己也能提升很多。但是很多人对头脑风暴并不了解，把握不好，也就达不到成果。

头脑风暴的5条基本规则：

（1）尽可能想出一些多且新的办法。

（2）采取一种宽容的态度。没有“坏主意”这回事，一个不着边际、不现实的建议也会激发别人想出一个有创造力、有可操作性的主意。

（3）在头脑风暴的过程中，不要去评价、批评或者讨论任何建议。

（4）用别人的想法刺激你的思维。尝试改进别人的想法，或者把别人的想法组合起来，形成自己更好的做法。

（5）互相鼓励。要像一个团队那样去工作，成就团队的使命，而不是互相竞争。

例如对龟兔赛跑的故事进行头脑风暴。龟兔赛跑的故事耳熟能详，家喻户晓，我们在课堂上如何能够再次发挥它的力量，实现娱乐教学呢？运用头脑风暴就可以，结果可能让你十分惊讶。

我同样讲这个龟兔赛跑，就加上了新观点。第一次说兔子这次发愤图强，中间再也不睡觉了，一直跑，一直跑，最后兔子又输了，为什么呢？因为兔子跑错了方向。

第二次还是兔子跑输了，这次兔子也明确了方向，也加强了努力，但最后还是输了，为什么呢？因为兔子这次遇到了沼泽地，而这次的比赛路线是乌龟选择的。所以竞争的环境也很重要，在自己不适应的环境中和别人竞争，你会输。在别人更适应的环境中，和别人竞争，你也会输。

如果跑第三次，兔子又跑输了，会有什么观点呢，比如说吹黑哨的问题，兔子跑到半道，被警察拦住盘问了半天，结果还是乌龟赢了。

学员的观点是：兔子一路狂奔，突然旁边有一堆非常非常好的萝卜，它就品尝了几根萝卜。而乌龟呢，还是一如既往往前跑，最终兔子还是输掉了。

这个例子告诉我们：在前进的道路上要能经受住诱惑。

学员：这次兔子又是一路狂奔，并且赛前勤奋训练，但兔子又输了，为什么呢？原来乌龟是坐着摩托车去的。

这个故事说明了“借助资源”是多么重要啊！

学员：这次龟兔赛跑兔子又输了，原因是它们在路上遇到了一条河，没有桥，兔子过不去。这个我想说明的问题就是我们在发展的过程中对未来可能发生的情况要有所准备，要有前瞻性。

讲师：好，掌声鼓励，加上一颗星，没有船和桥，缺乏必要的过河工具，是吧。

学员：兔子一路狂奔，最后又输了，为什么？因为这条路线是乌龟选择的。它是一个斜坡，所以乌龟借助它的壳，顺着斜坡快速往下滚动，最后先达到终点。

给我们的启示是：用自己的强项挑战对方的弱项，你才有可能赢。

学员：兔子刚起跑，就被兔太太和兔宝宝给拉住了，兔太太一定要老公陪他们去逛街，于是兔子就临时跟兔太太和兔宝宝去逛街了，乌龟第一个到达了终点。

给我们的启示是：攘外必先安内。

讲师：好，掌声鼓励 ，有其他因素阻碍了兔子前行的道路。

学员：这次完全是因为兔子本身，它跑啊跑啊跑，太努力了，没有控制好速度和节奏，最后累吐血了。

讲师：我们很多老板也像兔子一样累吐血了，掌声鼓励，加上一颗星。

学员：这次乌龟又赢了，为什么呢？乌龟说：“因为我参加了培训，获得了知识，改变了命运。”

讲师：好，掌声鼓励，加上一颗星。

学员：这次龟兔赛跑，龟兔都赢了。因为他们遇到了一条河，首先是龟把兔子给驮了过去，然后它们又遇到了草地，兔子驮着龟穿过草地，最后它们共同完成了比赛。

给我们的启示是：在企业发展的过程中，我们可以利用互利双赢的思路，整合更多的资源。

学员：这次兔子第一个到达终点，但是兔子还是输了，为什么呢？因为规则变了，这次比谁跑得慢。

讲师：噢，比谁跑得慢，好，掌声鼓励，我发现我们在座的各位已经是智慧之门大开，其实一个好的培训，就是这样。

一个小小的故事演绎，让大家知道了准备、资源、选择权、努力……的道理。这些道理不是老师灌输给学员的，而是学员自己想到的，印象当然更加深刻。

二、增加授课生动性的技巧

成人学习注意力不集中，他们最高的忍耐限度就是15分钟。如果你15分钟还没有调动起他的兴趣，基本上就很难再引起他们的注意。

电影的15分钟原则

写电影剧本，过去的外行人都会用小说来改编，但是现在行内的人更多的是将它格式化。稿纸是一分钟一页的。如果我拍120分钟的电影，我会写120页。15分钟之前，一定要强烈地吸引观众。观众在这15分钟的心情你要抓住。如果在第15页，你还没有吸引住观众，你就不会吸引到他们了。所以，有一些东西必须要设计。

15分钟的验证：

√《功夫熊猫》正好选出龙斗士……

√《精武门》正好是踢馆……

√《锦衣卫》正好是玄武杀害青龙、白虎的大战……

√《倚天屠龙记》是张无忌的父母为了道义在武当山文化广场前自

杀……

√你是不是在想《肉蒲团》15 分钟的时候在做什么，你回去好好查一查……

都是程式化和格式化的开发模式。

所以，在你的课程中也要设置各种元素，调动学员的积极性，让他们愿意听，爱听。下面就给大家介绍一些可以调动学员积极性的技巧。

（一）新闻

对当前的新闻事件，进行一些评论和嫁接，是很容易调动学员兴趣，引起共鸣，让课堂的活跃性和趣味性倍增的方法。

图 6－5　公交车上的标语

图 6－5 引发的讨论和思考：说了千年的“己所不欲勿施于人”，都没有做到，我们的教育宣传是这样的，坐在公交车上，只要做到向外吐痰就是一个高素质合格的社会主义公民了。各位同学，你们怎么看？

（二）讲故事

通过讲故事增加生动性，但是多少内训师没有经过训练，讲不好故事。或许大家都听过故事，但是不是都讲过故事呢？讲故事看起来很容易，要真讲起来就不那么容易了，常言说“看花容易，绣花难”呀！听别人讲故事绘声绘色，很吸引人，有些朋友听起故事来甚至都可以忘了吃饭、睡觉，可是自己一讲起来，仿佛就不是那么回事了，干干巴巴，毫无吸引力。因此，讲故事也是一种才能，并不是人人都可以把故事讲好的。

学习讲故事是练口才的一种好方法。

讲故事可以训练人的多种能力，因为故事里面既有独白，又有人物对话，还有描述性的语言、叙述性的语言。

这里的方法是：

（1）分析故事中的人物。故事的情节性是十分强的，而且故事的主题大都是通过人物的语言、行动表现出来的，所以我们在讲故事以前就要先研究人物的性格特征，以及人物之间的关系。

比如，我们要讲《皇帝的新衣》这个童话故事，那么你就要分析其中的几个人物及他们的性格，然后把国王的愚蠢无知，骗子的狡诈阴险，大臣的阿谀奉承、不分是非，乃至小孩的天真无邪都用语言表现出来，这是一项十分艰巨的工作。

（2）掌握故事的语言特点。故事的语言不同于其他文学形式的语言，其最大的特点是口语性强、个性化强。所以当我们拿到一个材料的时候，不要马上就开始练习讲，而要先把材料改造一下，改成适合我们讲的故事。这个工作可以请别人帮忙。

（3）反复练讲。对材料做了分析、加工以后，我们就可以开始练讲。通过反复练讲达到对内容的熟悉。最后能使自己的感情与故事中人物的感情相合，做到惟妙惟肖地表现人物性格，语言生动形象。

另外，在练讲时还要注意设计自己的表情、动作，看看自己讲故事时的表情、动作是不是与讲的内容相一致。

其要求是：

第一，发音要准确、清楚。平舌音、翘舌音、四声都要清楚，最好能用普通话讲。

第二，不要照本宣科。讲故事是不允许手里拿着故事书照着念的，那样就成了念故事了。讲故事要用自己的语言去讲。

做培训多年，听老师讲课无数，实战派、学院派、理论派等各门各派都有，结合自己心得，与大家分享。

（三）视频

视频的运用不是简简单单地播放就可以的，从重要性来说虽然也能起到调动大家积极性的作用，但是不够专业。下面推荐将视频进行加工制作成为自己的授课方式的技巧。

技巧一，整合创新

《天赋潜能》这部电影讲的是小孩子在接触社会初期的时候，对人、对物、对现象的认知过程、评判标准，这些都是我们与生俱来的优秀品质。而在成长的过程中，我们受到了太多的阻碍、打击、失败等，我们的想法和意识发生了太多的转变，逐步摒弃了我们曾经具有的优秀品质，从这部影片中我们可以清晰地看到无知小孩子的强大力量。

然而，往往很多培训师利用此类影片的方法就是播放后让学员们分享自己观看的感受和心得。我们不否认这是一种方法，但是恐怕并不能满足学员的需求，同时太容易复制，因为每个人都可以用这样的影片，然后让大家分享他们的感受。

我个人做了以下的加工处理，使其以结果为导向，更加能够让学员从中体会和感受其中的真谛。

步骤一：告知大家你要播放一段影片，影片是讲一个小孩子的短片，时间大约 3 分钟。

步骤二：要求大家记录下影片中描述小孩子优秀品质的词语，如有热情、好奇、动力、跌倒、愤世嫉俗、不会失败、积极进取、勇往直前、冒险精神、有趣、探索、美好、尝试……

步骤三：播放影片给大家观看，并观察大家是不是按你说的方法去做了。

步骤四：播放完毕后，给大家三分钟的时间，要求大家用记录下来的优秀品质写一副自勉联，要求有上联、下联、横批（不比拼文学水平，但是要有自己的观点）。自勉联的要求如图6－6所示。

任务：
做一副自勉联
提示：不是文学比拼，但要有自己的观点。
要求：1.横批、上联、下联；
2.尽量用你记录的影片词汇；
3.时间三分钟。

图6－6　自勉联的要求

步骤五：批评那些不按照你说的要求记录词语的人。有很多时候，因为你前面的要求没有做好，结果后面的事情无法进行。这就是为什么很多领导不会告诉你说："我要提拔你……"，但是他们会让你去做事情，看你做得怎么样的原因。

步骤六：写完的学员可以进行分享了，先说上联，再说下联，最后说横批，之后向大家解释一下，你的自勉联观点是什么，影片的哪些地方触动了你。

通过六个步骤的互动引导说明，让一段简单的视频共享生动活泼起来。当然也不能只让大家分享，而自己作壁上观，最后我们也要分享自己预先写好的自勉联。

图6－7是我的自勉联。

每次我都会这样解说："孔子说：学而时习之不亦说乎。我是做培训的，我喜欢培训，喜欢学习，所以我的自勉联的核心就是学乐精神。学习本身就是一件快乐的事情，但其中也会有迷茫、也会有困苦，没有关系，

回归本我

图 6-7 自勉联

这些都是我们过程中的风景。我们只有能够欣赏它，才能更好地享受生活，并乐在其中。

“那么，到底用什么方法才能达到这样的境界呢？不用方法，只要回归就可以了，因为我们本身就具有这样的品质，不用刻意去追寻什么，所以我的横批是回归本我。”

总结：一段影片没有经过你的加工，仅仅是一段影片，经过你的塑造它才活了，这才是我们培训师应该做的事情。

【扩展应用】

如果视频是在课程的开始时使用，可以省去学员的互动环节，直接介绍自己对这个影片的体会和感悟。你可以用这样的引导句式来开启你的授课之旅：

“我们以探索和尝试的精神去接纳一个新的观点、理论而乐在其中，是好还是不好？”

“我们以不悲观、不厌倦的心态面对每次竞争中的失败，去学习一切，是好还是不好?”

“我们以学乐的心态开始今天的学习，是好还是不好?”

有的人会问：“你不怕学员写的对联超过你的水平吗?”

我的答案是：“当然不怕，因为我看了十遍，记录的语言更全，学员写自勉联的时间只有三分钟，而我可以写30分钟、3天甚至更长。从优势上来说，不太可能。”当然，如果你的悟性实在不行，不妨去学习一下别人的，拿来主义也行。

技巧二，结合升华

《杜拉拉升职记》有一段时间很火，刚好也是职场的题材，作为培训者不能放过其中的精彩片段。我也截取了很多段，其中直接使用的分享式题材，在这里就不介绍了，只要你有自己的角度和观点，截取就可以了。

我选取下面的一小段：杜拉拉刚入职没有多久，一位老一点的员工给她讲解公司的级别和层次，如职员、主管、经理、总监、总裁分别都是什么样的生活，什么样的收入，最后画面定格到杜拉拉在想：“我自己到底是什么层次呢?”

找工作也是步履维艰，人家问你能干什么，说自己什么都能做，问你最擅长什么，说不知道。

要坚持，等待赏识和提拔你的人！笔者个人经过10年的奋斗，每天记日记，写心得总结，写成了职业成长书稿，从中整理升华，有了今天的这本书籍的出版。每个人都有义务去构建自己的人生，去享受自己的幸福人生，无论是影片中的杜拉拉还是现实中的我们。

总结：通过这样的结合，让影片不仅仅是影片，理论也不仅仅是理论。两个结合起来，珠联璧合，使你的课堂既有娱乐化的内容，又有深度和高度。

（四）图片

说明问题的图片：有很多时候我们可以用图片解决的事情就不要用语言去解决，这样会起到抓住学员眼球的作用，起到很好的互动效果，比如我们有时候说明时间的重要性，每个人对时间的理解不同，就会让大家看图6－8。

德国人说的准点　　中国人说的准点

图6－8　中德的时间观念

引发思考的图：图6－9是一张换位思考的图，你到底看到了什么呢？我们习惯从白底黑字去看事情。当学员看的时候，用原有的固定思维去寻找，很多人看不出来，觉得什么都不是。当老师提示有看到单词"FLY"吗？会有一些人看出来，最差的人就是必须把周围都变成黑的才能看出中间白的是"FLY"，所以我们必须进行换位思考才能发现更多的事物。

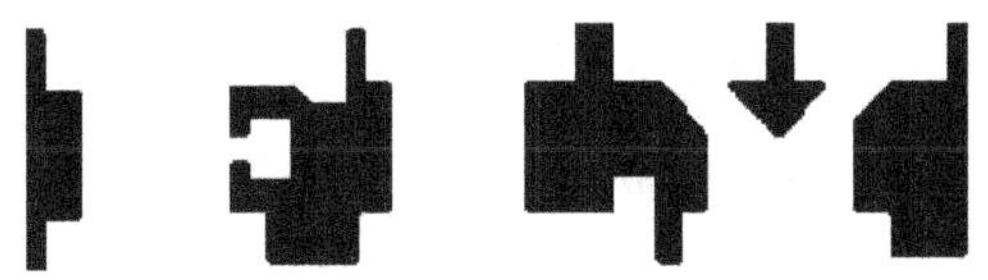

图6－9　换位思考图

名人图片：可以多用名人图片，这样的效果也是很好的，因为名人本身就在学员的脑海中有印象，你一旦使用就会调动起学员脑海中的敏感神经，让他们期盼并跟着你的想法走。

文字图片：即使是一句格言警句，你能把它以图片的形式呈现出来也会起到调节课堂气氛，调动积极性的效果，一个小小的创意就能让你的课堂丰富多彩起来。

图片的例子不胜枚举，就像图6－10所说的一样，不是结束是开始，当你看到这里时，可以开始把自己的课件变得生动活泼起来了。

图6－10 “不是结束，是开始”

（五）测试

测试是很好的互动方式，可以用在各个环节当中。对公司内训师来说，也可以开课前就考考大家，看看大家的基础知识怎么样，也可以起到震慑学员中“刺头”的作用。下面介绍几种常用的测试。

测试一：三分钟测试

这个测试既可以起到互动的作用，又可以起到娱乐的作用，最后还能让人深思：为什么很多事情你做的越多错的越多？

三分钟测试试题

（1）做事之前先通读全部资料。

（2）将你的名字写在本页的右上角。

（3）将第二句中的“名字”这个词圈起来。

（4）在本页的左上角画五个小方格。

（5）大声叫你自己的名字。

（6）在本页的第二个标题下再写一遍你的名字。

（7）在第一个标题后面写上“是是是”。

（8）把第五个句子圈起来。

（9）在本页的左下角写个“X”。

（10）如果你喜欢这项测试就说：“是”，不喜欢，就说：“不”。

（11）如果在测试中，你的成绩达到这个点，就大声叫一下自己的姓名。

（12）在本页右边的空白处，写下一个“66×7”的算式。

（13）在第四个句子中的“本页”这个词的周围画一个方框。

（14）如果你认为自己已仔细地按要求做了，就叫一声“我做到了”。

（15）在本页左边的空白处写上69和98。

（16）用你正常讲话的声音从10数到1。

（17）站起来，转一圈，然后坐下。

（18）大声说出：“我快干完了，我是按要求做的。”

（19）如果你是第一个做到这一题的，就说：“我是执行要求的优胜者。”

（20）既然你已按第一句的要求，认真读完了全篇内容，然后只需做好第二句的要求就算完成任务。

（21）完成任务后请不要出声，静候结束。

这个测试的特点是具有一定的娱乐性，同时很能说明道理，一个人没有全局观，看到什么做什么，最后的结果只能是做的越多错的越多。

测试二：性格与压力测试

这个测试可以简单地与学员互动，让课堂活跃，引发思考和讨论。当然这是很简单的测试，如果是专业的测试，可能会需要很久，而且需要很高的专业能力去解读。而作为内训师很难达到职业化讲师的程度，因为他们几乎只研究一个课题。我们内部讲师只是兼职培训，所以参与浅显易懂的测试，才容易把控全局。

性格与压力测试

以下各题，你只需回答“是”或“否”。请以你的第一反应作答。

（1）你是否一向准时赴约？

（2）和配偶或朋友比，你是否更易和同事沟通？

（3）是否觉得周六早晨比周日傍晚容易放松？

（4）无所事事时，是否感觉比忙着工作时自在？

（5）安排业余活动时，是否向来都很谨慎？

（6）当你处在等待状态时，是否常常感觉懊恼？

（7）你多数娱乐活动是否都和同事一同进行？

（8）你的配偶或朋友是否认为你随和、易相处？

（9）有没有某位同事让你感觉很积极进取？

（10）运动时，是否常想改进技巧，多赢得胜利？

（11）处于压力之下，你是否仍会仔细弄清每件事的真相，才能做出决定？

（12）旅行之前，你是不是会做好行程表的每一个步骤，而当计划必须改变时，会感觉不自在？

（13）你是否喜欢在一场酒会上与人闲谈？

（14）你是否喜欢闷头工作、躲避处理人际关系？

（15）你交的朋友是不是多半属于同一行业？

（16）当你生病时，你是否会将工作带到床上？

（17）平时的阅读物是否多半和工作相关？

（18）你是否比同事要花更多的时间在工作上？

（19）你在社交场合是不是三句话不离本行？

（20）你是不是在休息日也会焦躁不安？

参考答案

(4)、(8)、(13) 答“非”得1分，其他题答“是”得1分。

请统计总分：

12~20分：A型性格。

0~9分：B型性格。

10~11分：介于两者之间。

A型特征：

喜欢过度的竞争，喜欢寻求升迁与成就感；在一般言谈中过多强调关键词汇，往往愈说愈快并且加重最后几个词；喜欢追求各种不明确的目标；全神贯注于截止期限；憎恨延期；缺乏耐心；放松心情时会产生罪恶感。

B型特征：

神情轻松自在而且思绪缜密；工作之外拥有广泛兴趣；倾向于从容漫步；充满耐心而且肯花时间来考虑一个决定。

A型性格较之B型性格，对压力更敏感，也比较容易过激，对压力的心理承受能力也差一些。因此A型性格的人要避免陷入焦躁状态，不要被突发事件打乱阵脚，更不要时刻让自己处于紧张状态。

测试三：应对困难的能力

你有应付困境的能力吗

(1) 你的童年是在父母的溺爱下度过的。

a. 否　　b. 是　　c. 不全是

(2) 你步入社会后路途坎坷、屡遭人白眼。

a. 否　　b. 是　　c. 不全是

(3) 你在初恋时被恋人甩掉后，几乎失去了生活的勇气。

a. 否　　b. 是　　c. 不全是

(4) 你的收入不高，但手头总感到宽裕。

a. 否　　b. 是　　c. 不全是

(5) 让你和性情不同的人一起工作，简直是活受罪。

a. 是　　b. 不一定　　c. 否

(6) 你从来没有服用过安眠药物。

a. 否　　b. 不完全　　c. 是

(7) 你的朋友贸然带一个讨厌的人来访，使你感到震惊。

a. 是　　b. 不确定　　c. 否

(8) 原定涨工资有你，可公布名单时不知为什么又换上了另一个人。即使如此，你也心情坦然，并向他祝贺。

a. 否　　b. 不确定　　c. 是

(9) 你看到那些奇装异服，听到那些乱糟糟的音乐，就感到恶心。

a. 不确定　　b. 否　　c. 是

(10) 你认为一些新规定、新制度的颁布和实施，都是顺理成章，势在必行的。

a. 不确定　　b. 是　　c. 否

(11) 你接连遇到几件不愉快的事，一次比一次感到苦恼。

a. 不确定　　b. 否　　c. 是

(12) 即使同“情敌”交谈，也能心平气和。

a. 不确定　　b. 是　　c. 否

(13) 建立新的人际关系相当容易。

a. 是　　b. 否　　c. 不确定

(14) 别人擅自动用你的物品，你会生气很长时间。

a. 否　　b. 是　　c. 不全是

(15) 即便多次失败，你也不放弃再尝试的机会。

a. 否　　b. 是　　c. 不确定

(16) 对没有完成的重要事情，你会吃不下饭、睡不好觉。

a. 不确定　　b. 否　　c. 是

（17）有50%的成功把握你才会去干有些风险的事。

a. 不确定　　b. 是　　c. 否

（18）只要流行感冒，你就会被感染上。

a. 是　　b. 否　　c. 不确定

（19）别人若对你不公正，你会找机会进行报复。

a. 是　　b. 否　　c. 不确定

（20）有空闲时间，你就想看小说和报纸。

a. 不确定　　b. 否　　c. 是

计分方法：

（1）～（4）题选a为5分，b为1分，c为3分。

（5）～（8）题选a为1分，b为3分，c为5分。

（9）～（12）题选a为3分，b为5分，c为1分。

（13）～（15）题选a为5分，b为1分，c为3分。

（16）题选a为3分，b为5分，c为1分。

（17）题选a为3分，b为1分，c为5分。

（18）～（19）题选a为1分，b为5分，c为3分。

（20）题选a为3分，b为1分，c为5分。

得分说明：

20～50分：经不起突如其来的变故，这可能和你一帆风顺的经历有关。你心灵脆弱，经受不住刺激，更经不起意外打击，即使稍不如意也使你寝食不安。这是你一大弱点，建议你主动扩大心理承受面，愉快接受生活挑战。同时也要少想个人得失，因为应付困难的能力说到底是对个人利益损失的承受力。

50～75分：心理承受力一般，在通常情况下不会有什么问题，至多有点烦恼。要注意的是能在大的灾难面前想得开、挺得住。

75～100分：勇敢地迎接命运的挑战，你有不平凡的经历，能面对现实，对来自生活的冲击波应付自如，随遇而安。

（六）格言

格言警句有发人深省的效果，在课堂中能够脱口而出地应用，会起到很好的效果，让人感觉发言者很有底蕴，而且令人耳目一新。下面推荐大家记住一些十分常用的格言警句。

学习篇：

（1）黑发不知勤学早，白首方悔读书迟。

（2）勤学似春起之苗，不见其增，日有所长；辍学如磨刀之石，不见其损，日有所亏。

（3）学习如逆水行舟，不进则退。

励志篇：

（1）人若无恒，万事不成。

（2）志不立，天下无可成之事。

（3）古今成大事者，不唯有超世之才，亦必有坚韧不拔之志。

成功篇：

（1）成功者做别人做不到的事，成功者做别人不敢做的事，成功者做别人不愿意做的事。

（2）英雄从来都是被人利用的，他是英雄，而我是赢家！

心态篇：

（1）大肚能容容天下难容之事，开口便笑笑天下可笑之人。

（2）泰山崩于前而色不变。

（3）只要稍微坚持一下，我们就可以创造生命的奇迹。

（4）大丈夫以信义为重。

（5）临渊羡鱼，不如退而结网。

（6）君子力如牛，不与牛争力；走如马，不与马争走；智如仕，不与仕争智。

以上是我们常用的一些格言警句，举不胜举。在这里再给大家提供一些社会的普世规则。

各种情况下的"潜规则"

（1）公司管理"潜规则"：老板永远是对的！

（2）公司服务"潜规则"：顾客永远是对的！

（3）时间管理"潜规则"：以年为单位的效率小于季；以季为单位的效率小于月；以月为单位的效率小于天；以天为单位的效率小于时。

（4）有效沟通"潜规则"：没有人喜欢拍马屁，但是真的马屁过来了，你也分不清什么是马屁什么是赞美。

（5）公司文化"潜规则"：就是老板文化，也就是企业文化。对谁都可以讲，但是不要对老板讲，因为老板是不会承认老板文化的。

（6）人员管理"潜规则"：任何人都是不会被改变的，但是可以去影响。

（7）个人跳槽"潜规则"：跳槽要往高跳，而且要相信自己一定能成功。

（8）制度管理"潜规则"：制度永远不完善，有些规则是明的20%，有些规则是暗的80%。

（9）功劳与责任"潜规则"：一个责任推来推去，那么大家都有责任；一个责任争来争去，那么大家都没责任。一个功劳推来推去，那么大家都有功劳；一个功劳争来争去，那么大家都没功劳。

（10）领导讲话"潜规则"：第一，第二，第三，最后总结一下：首先，其次，再次，最后。

（11）网络搜索"潜规则"：只要寻找就有收获，无论你找的是什么。

（12）销售高手"潜规则"：高手不是很狂很暴力的那一个，而是很傻很天真的那一个。

（13）打字技术"潜规则"：字打得越快，职务越低。

（14）培训学习"潜规则"：学生的成长都是自己学的，不是老师教的。

（七）诗词

诗词可以在讲课中的任何时候穿插使用，不但可以提升讲师的内涵，还可以提升课堂的互动性，比如，陶渊明诗云："盛年不重来，一日难再晨。及时当勉励，岁月不待人。"这是对时间特性的描写，让我们理解了时间的重要性，时间对人生活、工作及学习的价值，那么我们应该如何有效地管理它，让它发挥最大的效用呢？接下来我就跟大家共同探讨一下这个话题。

咏蛙

毛泽东

独坐池塘如虎踞，绿荫树下养精神。

春来我不先开口，哪个虫儿敢作声？

解析：这首诗通过对青蛙所处的环境、它的形象及心态的描述，深刻地表现出毛泽东少年时期的远大抱负和博大的胸怀，既对那些富豪子弟嘲讽蔑视，又表达了年轻毛泽东敢为天下先的勇气和尚还朦胧的领导群众的英雄意识。

应用：这首诗是我很喜欢用的，一个人在弱小的时候，不轻视自己。从另一个角度看待自己，我一样是王者，以积极的心态面对眼前的一切。

《诫子书》

夫君子之行，静以修身，俭以养德。非澹泊无以明志，非宁静无以致远。夫学须静也，才须学也。非学无以广才，非志无以成学。淫慢则不能励精，险躁则不能治性。年与时驰，意与日去，遂成枯落，多不接世，悲守穷庐，将复何及！

读起来朗朗上口，品味着字字入味，百读不厌。在短短的86个字中，就有多个我们小时候耳熟能详的名言警句，太厉害了，难怪流传千年。

（1）静以修身，俭以养德。

（2）非澹泊无以明志，非宁静无以致远。

（3）非学无以广才，非志无以成学。

（4）淫慢则不能励精，险躁则不能治性。

（5）年与时驰，意与日去，遂成枯落，多不接世，悲守穷庐，将复何及！

解析：这段文章可以背诵下来，在课程中随时都可以用得到。有一次我去成都讲课，就用这篇《诫子书》开头。因为成都有武侯祠，很多人都知道诸葛亮，而当年刘备的根据地也就是成都，所以用诸葛亮的这段词开头，能够接地气。

《望岳》

杜甫

岱宗夫如何？齐鲁青未了。
造化钟神秀，阴阳割昏晓。
荡胸生曾云，决眦入归鸟。
会当凌绝顶，一览众山小。

全诗读完给人以力量，很振奋的正面能量，说不出来的感觉，每每读之觉得心胸宽阔、荡气回肠。特别是“会当凌绝顶，一览众山小”一句，不觉中身体内升腾起一股君临天下、舍我其谁的感觉，让你充满自信去做事情。推荐中国人一定要去一下泰山，感受一下这样的氛围。五千年的传承，文化生生不息，当你置身其中，你就会感受到其中的底蕴与内涵。

（八）名著

如果能够根据名著中的人物结合自己的观点去演绎，就能很好地调动学员的积极性，让学员很容易理解你的观点。比如我曾经拿《三国演义》中的人物去讲解职场中的行事规则。

看《三国》品职场人生

《三国演义》是中国传统文学四大名著之一，受到很多人的推崇、无数人的喜爱。走进各大书店，四大名著中《三国演义》卖得最快；走在旧书摊中想找到一本《三国演义》也是不容易的，不像《西游记》那样随处可见。很多人希望拥有它而不愿意丢弃它，有时候想想：“这到底是为什么呢?”

《三国演义》有人当娱乐小说来看，有人当管理书籍来读，有人当人生智慧来品，从不同的层面和角度都值得我们去欣赏和钻研。在当今合作与竞争并存的社会里，其中的智慧就更值得我们借鉴了。大到国家关系，小到朋友志趣都可以从中萃取营养。

本人只是一个小小的职场员工，没有大家风范，《三国演义》对职场生存之道亦可借鉴，今天所幸从里面的几个人物中品读一下职场生存智慧，与君共勉。

以个人拙见，在职场中做事情有四种选择：

第一种：如同赵云配合刘关张打下江山。

赵云进入刘关张集团后并不被重用，由于刘关张亲密无间，他似乎成了一个外人。在刘备携民渡江中，赵云为救刘备夫人和阿斗，四处拼杀，身陷重围险些丧命。然而，不明真相的张飞听说赵云投曹操方向而去时，当即怀疑他投操享受荣华富贵了，凶神恶煞地说要一矛将其刺死。这种情况下，赵云用长坂坡大战救出阿斗证明了自己的忠心，后来又一心一意同刘关张创业改变环境，打下一片江山，最后博得一个五虎上将的威名。这就是我们职场人的第一个形象，无论企业怎么样对你不公平，你都要去改变环境，博得信任，忠贞不渝地去同企业一起创业，最后在公司中赢得自己的一席之地。

第二种：如同张昭配合周瑜力保孙权。

张昭也是东吴的老臣，孙策临终时嘱托孙权："外事不决可问周郎，内事不决可问张昭。"张昭在孙刘联盟抗曹的问题上与孙权和周瑜产生了冲突，他坚决反对抗曹，作为一个主内事的文官，不难理解他的苦心，救八十一洲百姓于水火。从历史的角度看，如果真的投降曹操，中国不会有三国近百年的战争了。但是当时的主战环境占了上风，他也就配合周瑜和主公（领导）把钱粮给养工作做好，赤壁之战胜利了虽然没有他的什么大功，但是也有他的一份力在，也是没有拖大家的后腿，这就是职场人的第二种情况。当情况和你的想法不符的时候，我们要适应环境，做自己应做的事情，尽自己应尽的职责。环境无法改变时，就适应环境。

第三种：如同许攸弃袁绍而投曹操。

许攸辅佐袁绍十几年，一直是兢兢业业，但越来越发现袁绍不是一个成大事的人。袁绍优柔寡断，疑心猜忌，最后在官渡之战胶着的时候，还不能听取忠言。许攸看不到任何希望，最后毅然决然地离开了袁绍，献计与曹操夜袭乌巢，使袁绍溃败。

这是第三种情况，就是无法改变环境、也不能适应环境的时候，他选择了走人，这也是一个很不错的选择。大家能够共事就一起共事，不能共事可以选择漂亮地离开，对谁都有好处。唯一我不太赞同的是他去了竞争对手那里，这并不是一个明智的选择。对手看重的不一定是你的能力，更多的是你的信息，一旦信息过时了，你也就没有什么用处了，就像许攸一样，最后落得个人头落地的下场。我个人建议不要去企业的竞争对手那里才是明智的选择，走也不失为混在职场的上策。

第四种：如同杨修小聪明祸人害己。

还有一种情况是在一个企业里面不得志，也不愿去改变环境，也不适应，也不离开，就如杨修耍小聪明，自以为聪明绝顶，洞悉一切，岂不知乃孤芳自赏，不堪大用。最后弄了个动摇军心的罪名，还自以为聪明说：“我早知道有这一天，主公你多保重啊！”到死还没有明白过来。

我们想，这能显示你有多聪明呢？无论是军队还是企业要这种聪明有用吗？然而我们不否认杨修的确是很聪明，但是我们不得不说他是个没有什么智慧的人，这么聪明的人对自己当一个后勤账房总是不满，就四处表现自己，表现的方式又不到位，弄得领导很没有面子，最后让领导不得不痛下杀手！

这就不是伯乐的罪过，而是千里马自己没有看清楚自己。再聪明也只是个千里马，该做的就是千里马的事情，不要动不动就走到领导前面去，到底这个公司是你的，还是领导的？到底是领导知道的多，还是你知道的多？所以千里马的工作不是天天去猜测伯乐的心思，不是和伯乐去比谁跑得快，谁更有能力，而是做好自己的本职工作。看重小聪明的人往往以为自己怀才不遇，其实是自己没有大智慧。

三国人物形形色色，个性鲜明，从以上四位人物中我们可以品味到职场人在企业中的几种选择，我们或融入环境，或创造环境，或适应环境，或离开环境都对大家有好处，不要在那里要小聪明抱怨环境、怀才不遇，那样只能破坏了团队氛围，损人害己，没有什么好处。

运用名著，重要的是对于人物的理解和运用，这样才能很清晰地把握节奏和要点。

（九）流行语

“流行语”昭示了人们思想的解放。从“实践是检验真理的唯一标准”、“摸着石头过河”，到“不管白猫黑猫，抓住老鼠就是好猫”、“发展才是硬道理”，可以看出人们思想的解放和思想解放的程度。而在互联网出现后，更多的网络流行语，不断引领着人们的思想，反映着时尚的潮流变化。所以当下的流行语的应用可以更加贴近学员，起到很好的课堂效果。

在80后、90后占据职场主流的今天，流行语是培训师必备的知识，不懂你就OUT了，所以多多记忆。

（十）互动小贴士

1. 让出权利

与学员互动问答时，把自己点名回答的权力让出去。当一个学员回答完毕后让其点名其他学员，让他去决定谁来回答你的问题。你可以引导说：“你可以找一个你最喜欢的靓女，你也可以找一个你最讨厌的家伙来回答我的问题。”每当这样讲的时候，都会吸引全场的目光，从而增加课堂趣味性。

2. 幽默互动

当学员不太感兴趣的时候，就突然停下来，走到一个学员跟前问他：“你喜欢吃什么菜?”这时，大家一下子都来精神了，很疑惑为什么要在这个时候问他喜欢吃什么菜。他说喜欢吃这个菜、那个菜。我又问他：“如果有一种菜，虽然味道不可口，但富有营养，你吃不吃呢?”他笑了，大家也笑了。我接着对大家说：“你们可千万不能做挑食的小孩子啊，那样会营养不良的!”在笑声中，学员的注意力又集中起来。

3. 邀请学员上台

当某个学员爱跟其他学员讲话时，如果直接提醒他往往会造成对立，不利于培训的顺利进行。于是，在他又一次跟邻座说话的时候，笔者突然停止讲授。很快，他有些明白了，显得有些不好意思。

我走过去站在他跟前，很温和地问他：“是不是对讲的内容不太理解?”他说理解理解。我又问他：“在你做销售的过程中，有没有你最得意的一件事?”他想了想说，有啊！我接着问他：“那你能不能到讲台上去，把这个事情跟大家分享一下?”还没等他开口，我又跟大家说：“给他一些掌声鼓励一下好不好?”在一阵热烈的掌声中，他不得不走上讲台。

当他讲完亲身经历的案例后，我又把他的这个案例从专业的角度做了简要分析，然后告诉大家，这个案例应该载入公司的销售史册。大家又是一阵热烈的掌声。这时，我特别注意他，看到了他眼里透着激动。

4. 内容上激发学员兴趣

（1）新鲜的话题：周立波结婚了。

（2）意想不到的话题。

（3）热点话题：朝韩局势。

（4）参与的话题：用一个字描述一下自己当前的状态。

（5）熟悉的话题：学员身边的案例。

（6）争议的话题：沟通的态度和绩效哪个重要。

（7）翻新的话题：旧瓶装新酒。

5. 吸引学员注意到的语言表达

（1）给大家一些东西看。

（2）请大家回答一个问题。

（3）请大家说说新想法。

（4）征询大家的需求。

（5）请大家来读一下。

（6）大家猜猜看。

（7）让我们娱乐一下。

（8）我们一起来做个游戏。

（9）给良好表现的人一个鼓励。

三、通过提问控制课堂技巧

提问技巧要结合四步骤引导法进行，如图6－11所示：

第一步是理清目标：到底自己的目标是什么，通过什么方式达到目标。

第二步是反映事实：通过问题引导出事实情况如何。

第三步检讨改进：通过检讨自己的行为，让学员自问自答找到自己的问题所在。

第四步采取行动：知道什么样的行动才能改善现在的状况，如何才能达到自己的目标。

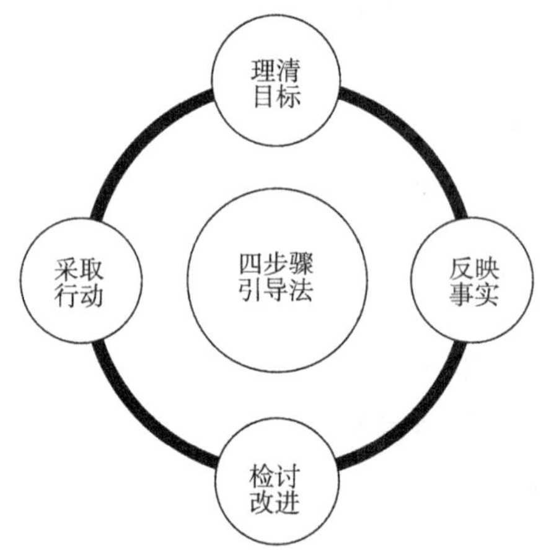

图6－11　四步骤引导法

一位年轻的丁主管被提拔时，同期的同事常常不服气，工作有时不配合，或讨价还价。丁主管领导权威不够，但又不能把关系搞僵，常常也很无奈。

我们运用引导的原则与问题进行分析，如表6－1所示：

表 6－1　案例运用

原则	问题	说明
理清目标	你的想法和目的是什么？	是学员自己的目标，也是老师要帮助的目标
反映事实	有老同事不服气正常吗？是我自己还是下属有问题？	是事物的客观情况，不是老师认为也不是学员认为的情况
检讨改进	具体有哪些问题主要的原因是什么？目前哪个对你最重要？还需要得到哪些支持？上级要向你要什么？	各种原因在一起要去理顺、理清
采取行动	你会采取什么行动来改善？你希望的结果是什么？	我们要的结果和改善是什么

方法的运用可以让我们的提问更有逻辑、更加清晰，当然我们这里是举例子，把问题全部梳理出来，真正在现场应用，从中选取几个问题即可。

四、学员状态控制技巧

现场学员可能出现多种状态（如图 6－12 所示），而针对这些状态讲师必须具备一定的处理能力，不然整个课堂就会陷入一片混乱。

图 6－12　现场学员可能出现多种状态

（一）如何应对学员睡觉

我们小时候，一旦在学习时溜号睡觉，老师的做法通常是叫你起来，提你一个问题。如果你答不上来，老师就会训斥你一番。由于有了这样的经历，很多内训师也如法炮制。

王同是业务经理，负责给同事讲解产品知识，其中一位韩主管觉得乏味，觉得都学过了就打起盹来。王同见状就问韩主管："你把我刚才讲的重复一遍。"韩主管当然答不上来，但是韩主管说："这些我都学过了，懒得再听。"而王同说："学过了怎么说不上来?"于是两个人现场口角，场面一度陷入混乱。

那么该如何处理和应对学员培训时睡觉的问题呢?

首先提几条原则：

（1）预防比处理更重要：学员睡觉是可以预见到的，比如下午上课时，1 点到 3 点是睡觉的高峰期，我们在开发课程的时候就要预见并做预防。

（2）准备与调动是关键：既然有预见，就应该做好准备，知道用什么样的方式和方法去调动大家，不让他睡觉。三分钟一调动，五分钟一个调节，让学员没有时间睡觉。

（3）察觉与应对要及时：如果真的有人睡觉，我们要及时处理。如果听之任之，那后果不堪设想。

预防和处理方法：

（1）预防法：在课程开发时多设置游戏、图片、视频、音乐等调动学员积极性。比如在下午的时候我一定会应用一段视频进行教学，看电影大家都不会睡着的，或是做一个游戏也可以起到一定的效果。这些都是很好的预设处理方式，提前在开发课程的时候就解决了睡觉问题。

（2）调动法：如果在现场教授时还是有人睡觉，可以用提问的方法处理，但是不是提问他本人，而是提问他旁边没有睡觉的人，然后把他惊醒，或是运用讨论的方式让大家全部参与到其中来。

（3）小技巧：可以在他要睡还没有睡的时候做眼神交流，表示我在注意你，我已经看到你有睡觉的倾向了，我已经发现你的不妥行为，让他自己警醒自己。还有就是内训师说一句话，让大家写下，让每个人动笔写字，调动他的手和思维，也会起到让他们不睡觉的效果。还有类似的方法就是，请大家跟读，让大家一起读一段文字也是很好的方法。

（4）补救法：如果真的是三天的培训太累，早晨 8 点到晚上 10 点都在学习、分享、考核，那就可以真的让他们睡一觉。当然这个不是真的睡觉，而是讲师放一段催眠放松的音乐，让大家休息 10 分钟，这种方式既起到休息的作用，也是身心灵教学的一部分。

（二）如何应对学员玩手机

在课堂上经常会遇到这样的情况，你正在台上讲课，而某位学员的手机响了，于是他小声地在桌子底下交流。他本人认为没有人注意他，其实现场学员的注意力早就失控。

若你是老师你该怎么办呢?

首先我们要判断这是多数情况还是个别，还要看学员的职位。比如业务经理，他们平时电话真的多得放不下，我们也不能像小学生上课一样，硬性要求如何如何。我的基本操作方式是让他大大方方地走出去，接听完毕再回来。但是如果是很正式的培训，我推荐大家采取以下几种方式：

（1）收缴法：在开始上课前就把所有人手机都收缴上来，放在固定的位置。

（2）惩罚法：把一个团队的手机放在一起，谁的手机响就罚领导 100 元。

（3）团队法：谁的手机响了就让整个团队表演节目。

（4）自然法：老师课程精彩没人玩手机，正常的业务电话出去接听，并及时处理。

（三）如何应对闲聊

我们在课堂上经常会遇到这样的场景：

老师：我们这堂课程非常的重要，不然考试没通过，你们也不能转正……

某学员：私下窃窃私语聊天中……

老师眼光漂移过去，但是没有起到作用。

其他学员：频繁回头……

课程现场：有异动……

如果发生这样的情况该如何应对呢？

推荐几种有效的方法：

（1）直接应对："请问有什么我没有说清楚的吗？没有，我就继续说。"

（2）异声提醒：提高自己说话的声音，给闲聊者以警示。

（3）暗步走近：边讲课边走近聊天学员，这样可以自然化解。

（四）如何应对学员故意刁难、有意抬杠、恶意挑衅

（1）**提前预防**：开场谦虚点，表明一个人不可能全懂，今天基于自己的研究和体会"分享"给大家一些经验，希望一起探讨一起成长，共同解决关于心态不好、情绪不好等问题。

（2）**自我塑造**：说出一些自己的真实经历，把自己塑造成为这个领域的权威，让人不敢造次。

（3）**幽默化解**：不要把他看成刁难，而是看成一个玩笑。你可以说："这位同学很懂幽默和开玩笑，你的话题不属于我们今天探讨的话题，一会儿下课我和你私下交流。"

（4）**寻找同盟**：一个人如果是故意刁难你，其他同学也会有感觉的，这时候你可以说："××同学说得很好，是一个很不错的研讨话题。现在我们看看有哪位同学分享一下你对××同学这一说法的观点。"如果没有人回答，那么你就说："可能一时间很难有好的看法，这样我们分组讨论一下，一会儿每个组给我一个答案。"从各个答案中找出与你观点相符的同盟者。

（5）狮子搏兔：对大家说：“今天我来这里分享，是出于贵单位的邀请和安排。我想每个人都是来学习的，单位花费这个时间和金钱，不是让大家来和老师过家家的。我希望大家在交流时，能提出一些正面的、积极的、有建设性的问题，而不是没有根据地胡扯。这位同学的问题很不幸被我的‘电脑杀毒软件’给屏蔽了，你先好好思考一下，看看这个方面的问题从什么角度提更合适。”

（五）如何应对“遭遇高手”

当遭遇高手时，很多人会害怕，认为自己不如人家，还在这里班门弄斧，真是自不量力。一旦有这样的想法，我们就输了，就无法讲课。因为在社会上，总有人讲课比你好，总有人比你优秀，没有绝对的情况，你比现场的人都强，在某些点上你一定是不如人的，所以首先要摒弃自轻自贱的思想。课堂是我的，我既然能站在台上讲课，就说明我有比别人强的一面，然后我们再应用技巧来处理遭遇高手的问题，才能游刃有余。比如：

（1）请教利用：利用高手的知识、学识为课堂增加新的知识血液，比如你可以称赞高手说道：“大师啊，对对对，这厢有礼了，您讲得非常精彩，大家把掌声送给他。我们课堂是一个分享的平台、交流的平台，我们这位伙伴能把自己的高招无私地奉献出来，实在是可贵啊。大家能不能学进去就看你们了，反正我是受益了，也期待在我接下来的分享中再听到你的高见，好，我们继续。”如此就可以把高手变成你课堂的一部分。

（2）诚挚感谢：真心地感谢高手的分享，其实真正的高手不会拆你的台，只有“一瓶不满，半瓶子晃荡”的人才会想让你出丑。所以当我们真诚地感谢高手时，他自己也就会谦卑下来，配合你的课程讲授，你可以说：“你所说的宝贵经验正是我们大家需要的，大家给我们这位伙伴一个热烈的掌声，十分感谢您的分享。”

（3）给予责任：让高手担当团队中的重要角色，比如领导者或团队导师，为团队做贡献，让他英雄有用武之地。让他管理团队，帮助学员还来不及，哪有时间去挑战你呢？所以高手都是用来利用的，只要你能为他找到合适的位置。

(4)预先框定：每个人都有自己的优势，你既然讲课就一定有自己的优势，所以把课题框定在自己的优势范围内容，高手也发挥不出来效力。

（六）如何应对不会的问题

不会回答的问题不一定都是无关的问题。有时候老师准备是有限的，经历也是有限的，所以不能回答也是正常的。但是如果直接说不会也太丢面子了，那么用什么样的方法来处理呢？

（1）踢球法："谁能回答这个问题呢？""有哪位学员对这方面有过了解呢？"

（2）照镜子："在今天的分享中，我发现你的想法很独特，问题也很独特。那么就这个问题，你会先从哪里入手呢？接下来呢？"

（3）切西瓜："这个问题我只能回答你一个模块，其他的模块今天没有系统地准备，说出来怕误导各位。下课后24小时内我会把我整理的资料和结论发给你，请你把邮箱和电话号码留下来。"

（4）讨论法："我刚好要分享这个主题，这不是最重要但是是一个很特别的话题。不同的人会有不同的想法，从不同的角度去操作会产生不同的效果，那么我们先看看大家普遍的想法，我们就这个问题讨论5分钟。"

（七）如何应对课堂冷场

这里的冷场指的是学员很难调动，基本没有什么表情，你说什么故事和笑话都没有什么反应，这不是很残酷的事情吗？无论是初入培训的讲师还是老手培训师，都会遇到这样的情况，有什么有效的方法应对呢？我们下面提供几种方法：

（1）了解：上课前了解学员背景，预见学员的配合度和承受度，根据学员的认知去运用自己的所学。很多时候由于不了解才造成心理预期落差，让自己难以应对。

比如笔者有一次给平均年龄50岁以上的老干部培训职业化知识，早就预期难调动、会冷场，于是自己提前就预设了很多互动和活动，让他们能够参与到其中来。

（2）观察：敏锐发现现场状况，同时发现哪位学员是具有积极因素的。通过单点突破，让全场的气氛改观。

（3）互动：通过有效提问、上台分享的形式进行调动打破僵局。因为这样大家的注意力会转移到其他学员身上，这些学员都是自己的同事，相对熟悉，一举一动都有可能引发笑料。切忌不要用游戏互动，因为现场太冷的情况下，不一定有人能够配合，效果适得其反。

（4）激情：自我的激情，持续的激情可以燃烧全场，紧张亦可，学员停我不停，学员冷我不冷，自然而然地走出冷宫。

五、自己状态控制技巧

（一）如何应对疲劳

一位学员赵宏接受公司的卓越绩效课程讲授任务，分别在成都、山东和福建连开三场，一场两天两夜。白天讲课晚上讨论练习，结果讲完第一场赵宏就疲惫不堪，第二场在山东淄博授课时，500 人的会场，怎么也提不起精神来，声音、感染力与反应速度的状态全面下滑，还要坚持五天五夜，他不知道如何面对自己的疲劳状态。

有人说讲师也会疲劳，当然是的，初级讲师讲 1 ~ 2 个小时，兴奋得不得了，而真正的讲师连续讲 100 天的都有，那么该如何应对自己的疲劳呢？

疲劳的原因多种多样，主要有以下四种：

1. 睡眠不足：很多时候由于明天要讲课，老师都要备课，头一天思虑过多，难以入睡，所以睡眠不足，就很容易疲劳。

2. 旅途劳顿：有的时候出差讲课是很消耗体力的，环境不适应，到处跑，坐车的时间每天超过 6 小时，第二天讲课超过 12 个小时站着，的确是受不了。

3. 饮食不和：讲课时，由于老师说话过多，中午吃饭很少能吃好，一般简单吃点就去讲课了，如果是出差就会更加严重，不同地方的食品不同，吃起来不习惯，摄入能量不够，就会疲劳。

4. 精力透支：讲课看似轻松，实则体力消耗十分巨大，有时候还要跟学员斗智斗勇，精力透支，疲惫不堪。

而这些如果在可控的范围内还好，就怕失控，自己的声音和气力都提不起来，那就需要有效的方法进行现场调节了，不然课堂效果会很差。

我曾经用过的几种比较有效的方式方法推荐给大家：

1. 锻炼法：讲课是一个体力活，平时多锻炼，每天至少运动一个小时，每周三个小时的量还是要保证的，这样可以保证你讲三天三夜课程没有问题。煅炼时间根据个人的体质不同而不同，但总归锻炼身体是王道。

2. 物理法：喝红牛、喝力保健、喝啤酒。有时候用点兴奋剂还是必要的，连续讲几天的课程，吃不好，睡不好的时候，用点功能性饮料，补充一下体能，还是很管用的，实在不行就在讲课前喝一罐啤酒，当然不要喝多了，只是为了让自己血液循环加快，亢奋一点，讲课声音洪亮而已。但这些方法不到不得已，没有必要用。

3. 精神法：大吼几声调动身体亢奋，有时候只能运用精神的原动力了，突破一种极限状态，你会发现你的身体会复活重生，没有任何疲惫，当然这种境界是要冲破现有的观念，告诉自己我的能量和潜能是无限的，我一定能行，绝对可以，你就真的可以了。

4. 休息法：让学员自己讨论，自己休息一下，或是直接就休息一下，在最疲惫的时候，休息 5～10 分钟都是有很大作用的。

疲劳产生的原因有物理的也有精神的，根据每个人的情况不同和状态不同，大家可以酌情采用以上不同的方法进行解决，但最根本的方法还是要吃好、喝好、睡好、锻炼好。作为培训师必须有适合自己的锻炼身体的方法，选择一两种坚持下去，你就是王者。

（二）如何应对忘词

一个初级的培训师一定会遇到忘词的情况，有的人脸红脖子粗，场面十分尴尬却不懂得有效处理。对于企业内训师来说，知道如何应对忘词更为重要。

讲师魏红正在给新员工讲课，快要中午了，恰好公司领导过来视察授课情况。魏红正讲得兴起，突然看到领导来临，把要讲的内容全都忘记了，语无伦次，最后，草草收场让大家去吃饭了。领导对魏红也没有留下什么好印象。

像这样的情况我也存在，对于初级讲师来说空间磁场是很重要的，一旦有事情干扰，自己有可能就乱了阵脚。比如领导到来、高手出现让自己很紧张，最后导致大脑短路，把词忘光。当然初级讲师只要上台就忘词，这种现象也是很多的。

下面提供一些可以有效解决的方法，让场面不至于很尴尬。

（1）放松法：授课前把一切都忘掉，只记得课程前 5 分钟说点什么就可以了，这种方式是应对上台就忘词的很好方法。很多人忘词是因为记忆的东西太多，上台前把要说的、要讲的全都想一遍，结果到台上，脑子乱糟糟，说两句开头就已经掉到结尾了，然后自己又想想，不应该说结尾的故事，那应该说什么呢？自己脑袋里面做斗争，结果思路阻塞，不知道说什么了。而当我们只记忆 5 分钟的内容时，我们上去就讲 5 分钟，5 分钟后人的状态都平稳了，思路自然就理顺了，自然思路如泉涌，原来准备的东西就都想起来了。不信，你试试看。

（2）查阅法：可以不动声色地去看看 PPT 或备注讲义等。谁都不是神仙，学员也能理解你忘词，自己也把忘词当作一个正常的现象，就不会场面尴尬。忘词没什么，我们又不是专业研究记忆的，我们是说明一个道理的，像周立波这样专门搞脱口秀节目的都看稿子，我们有什么丢人的呢？所以没有什么，大大方方地去看自己准备的东西就行了，不过前提是你要准备。

（3）转换法：一旦忘词了，又没有准备，那就想到什么说什么吧！转移到其他话题上面，也不要站在那里，一动不动愣愣的，说不定一会儿就想起来了，很多时候就是这样。

（4）坦白法：就是跟学员摊牌，我就是忘词了。你说："我忘了，一会儿想起来再说，我们看下一个话题。"反而学员会觉得老师真霸气，佩服，好好学吧！

忘词没有什么大不了，重要的是我们不要被忘词吓倒，轻轻松松度过就行了。

（三）如何应对跑题

一次在国生集体公司的 TTT 训练考核中，学员李通上台分享《如何带队伍》的课题。李通认为带队伍要从公司文化开始，于是开始与学员互动问答公司企业文化 5 条核心标语是什么，结果大家都答不全。后来李通就用 25 分钟的时间讲解公司标语，而考核通关时间一共才 40 分钟，结果李通没有通关考核。

讲跑题的情况可能多种多样，但是究其原因有以下几种：

（1）**初上讲台功力浅薄**：对于初学者来说，上台后脑袋一片空白，事先准备的东西基本忘光，只能看啥说啥，想啥说啥往回绕，结果是越绕越远，造成跑题。

（2）**学员调皮七嘴八舌**：有的是自己准备得好好的，结果学员太调皮，问这问那，问东问西，自己乱了阵脚。还有就是自己的互动能力不够却要互动提问，结果学员答非所问，你也就跟着跑了。

（3）**自我膨胀为所欲为**：还有一种是功力太深，自己欲望膨胀，没有可以发泄的地方，好不容易找到一个可以炫耀自己的舞台，就想什么说什么。有的老师讲一天课程，吹嘘自己可以吹嘘半天。

对于内训师来说，可以采取以下几种方法来规避跑题问题：

（1）**提纲法**：把自己要讲的重点写成提纲放在讲桌上，当觉得自己跑题的时候，回来看看。因为都是内训，大家也不会太介意你的这种行为，反而会觉得你是精心准备的。

（2）**三点法**：在课程设置时只安排三个大点，容易记忆，一个半小时的课程就设置三个小课题，一天的设置三个大课题，跑也跑不多远。

（3）**预演法：**授课前自己练习主要讲的内容，这是一个最实用的方法。在上台前对着自己的电脑，多演练几遍，这样容易记住关键内容。

（4）**回避法：**当有与今天主题无关的事情，主动与学员说明，另找时间探讨。

（5）**时间法：**开始时就对自己课题的时间进行分割。其实讲跑题要看跑多长时间，跑的时间很短，就三分钟，这就叫“题外话”，增加课程趣味性；而跑了20分钟，就会影响课程的进度了。

其实讲跑题的人，自己是不知道的。他只是觉得有必要讲下去，或是自己准备不充分。所以，我们通过以上方法让自己不至于跑得太远，也就达到一个初级培训师的标准了，后期的提升就是自己不断修炼的结果了。

六、扩展：为什么学习了技巧还是不能有效控场

控场的关键是控制自己而不是学员，我们应该“控制自己，服务学员”。

控场其实就是控制自己的过程，而不是控制学员，以控制学员为初衷的想法是愚蠢的，因为他们认为学员是愚蠢的。大家都是成人，你能控制谁呢？控制好自己，为学员服务才是你正确的选择。学员的问题你耐心处理，自己准备的观点细心而带有激情地讲解，学员又不是傻子，他会不参与、不学吗？

往往是我们无形中成了一个打手，才会引起学员的反感，要么是太没有兴趣，要么没什么内容可以吸收。让你一天三顿都吃馒头，又不给你点菜和汤，我看你怎么吃，就算有营养你也吃不下去。所以焦点不在控制学员，而是控制自己，把自己的课程准备好，按自己准备的发挥出来，自然会有一个好的场面出现。

培训中的控场语言模板：

（1）这里的学员有的可能听过类似的课程，那么请学过的学员给其他没有学过的一次成长的机会。

（2）学过的伙伴让我们温故而知新。

（3）放松地学习，学习是快乐的过程。我们不要像学校学习一样把学习看成一种劳动，目的是考试。学习是快乐成长的过程，让我们快乐一点好不好，好!!!

（4）不好？（当大家有点拘谨或是不愿参加你的活动时）

现在我们做一个活动，大家就当自己是演员，想象你在扮演最喜欢的角色。我是张艺谋，大家听我的口令，来灯光音响准备（当作一个活动鼓励大家参与时）。

第七章

Chapter 7

“收”——收场漂亮课程才为圆满

怎么结尾？虎头、猪肚、豹尾，这些都是官话，拿来摆设的。怎么样结尾，才不虎头蛇尾，也是废话。不偏离主题，要扣题，这都是废话。

(1) 不要过分客气："我们今天学习了这些，讲得不好请大家原谅。对不对我也不清楚，还是大家回去实践吧。"你都不清楚，谁还回去实践啊！

(2) "好了今天就到这里结束"。

从引导方向上有这么几种是我经常用的：激发实践、感性升华、回味绵长。

一、摈弃的三种结尾

(1) **戛然而止**。"好的，我们今天就讲到这里吧，谢谢！"这样的结尾方式让学员不知所措，感觉很随意，让人无法理解，没有什么影响力。

(2) **陈词滥调**。"非常高兴今天能跟大家分享关于培训师培训的课题，谢谢大家！"这样的结尾落于俗套，有与没有一个样，让人感觉没有心意，不够出彩。

(3) **将结不结**。"那么好的，今天我们学习了三个方面的内容：第一，培训师的角色与定位；第二，教材的开发与编写；第三，培训师的现场呈现。那么大家回去好好练习才能成为你的需要，同时我们也学习了讲师的风范，这个风范就是讲师的说、听、读等。在这里我们还要注意有5个常犯的错误，第一、第二……"啰啰唆唆，这叫将结不结。

这些方式都不是一个合格的内训师应该采取的方式。

二、有效的六种结尾

(一) 余韵——意犹未尽的绕梁之音

版本一：

好的，两天的课程即将结束，非常高兴有这样的机会和大家探讨交流关于 TTT 的课程，非常期待我们能再次相聚，共同学习，共同成长。

版本二：

一个成功的商人带着他爸爸去一个高档餐厅就餐。餐厅的环境特别幽雅，装修十分别致，服务人员也特别职业，同时还有动听的钢琴乐曲。这时商人听到钢琴声，不由自主想起了小时候的梦想，成为一个钢琴艺术家，就自言自语地说：“唉，当初就是家里穷啊，没有钱，买不起钢琴，很小就出来做生意，养活家里人。”父亲听到后说：“如果当时学钢琴的话，那今天坐在这里吃饭的就不是你了。”很多时候，我们都为自己失去的而惋惜，却从来不曾为自己拥有的而感恩。

我不是希望听我课的人全都去知足常乐，而是真心希望所有人，都去珍惜、去感恩，去珍惜我们所拥有的，追求平衡快乐的人生。同时我以一颗感恩的心，感谢大家的聆听，感谢大家给了我一次成长的机会，谢谢!!!

（二）期许——行者常至，为者常成

《晏子春秋内篇·杂下》梁丘据谓晏子曰：“吾至死不及夫子矣!”晏子曰：“婴闻之，为者常成，行者常至。婴非有异于人也，常为而不置，常行而不休者，故难及也。”翻译成白话就是，梁丘据对晏子说：“我到死也赶不上先生了!”晏子听后说：“我听说，不停地做就常常能成功，不停地走就常常能走到。我没有与他人不同的地方，只是常做而不罢手，常走而不歇脚罢了，怎么能说赶不上呢!”

版本一：

每个人的路都要自己走，别人能帮你的太有限了。自己腿有多长就迈多大的步子，要按自己的步伐前进。每个人的家庭、民族、习惯、教育、经历都不一样，成功可以复制是假的，只有失败可以复制。你根本就没有尝试，大家也都没有做，所以失败的方式是一样的。但我们骨子里都是追求成功的，所以我们坚信，“行者常至，为者常成”，在成长与追求的道路上我们同行。谢谢!

版本二：

为自己的目标、理想出发是要付出代价的，要放弃许多东西，但最后你放弃的都会在你成功的那一天全部还给你。我们要勇敢地迈出这一步，向这个未来出发。

目标长在，希望长存，行者常至，为者常成。

最后与大家分享，不同的道路有不同的风景，不同的风景能带给你不同的乐趣，就看你懂不懂得欣赏。有些事情你没有经历是一种幸福，经历了是一种财富，祝各位在自己的职业道路上收获自己的精彩。只要不断地前进一定会达到成功的彼岸。

版本三：

读书要有恒心，要坚持下去。中国人的平均阅读量为一年 4 本书，所以目标不是很高，超出平均值很容易。如果想跟上时代的成长速度，无论是你管理下属还是配合新生代同事，起码应该一个星期看一本书，一年读超过 50 本书才行。每天坚持读书半小时，实在不愿意读，没有时间，看两页也好。贵在坚持。

信息时代学习是竞争力的核心，这是一个快鱼吃慢鱼的社会，每个人都必须快速摒除冗杂的信息吸收营养。以上五点与君共勉，行者常至，为者常成，学习成长的道路上你我同行，坚持下去你会有更多收获。

（三）升华——教育无定法

版本一：

有一个小偷本事高强，儿子长大了，就缠着要他传衣钵。有一天被儿子缠不过了，就答应当天夜里带他去偷。父子偷偷摸进了一家人家，发现房间内有个大柜子，这个父亲想办法把锁打开了，叫儿子进去拿东西。儿子进了柜子，这个父亲立刻把柜门锁住，并且大叫有贼啊……然后自己跑掉了。

这一家人被吵醒都起来了，点起灯火到处找，有个丫头拿着蜡烛进了房间，柜子中的儿子情急智生，就用口技学老鼠打架，吱吱吱吵个不停。

丫头叫了起来，太太，不得了啦！小偷没看见，柜子里有老鼠做窝啊！立刻拿钥匙开锁。

这个小偷的儿子趁机冲出来，一口气把蜡烛吹灭，就跑掉了。跑回家中看见老子躺在那里睡觉，儿子就把他叫醒，质问他为什么这样害自己！这个父亲说：“你不是出来了吗？你成功啦！衣钵传给你啦！小偷无定法，只要你逃得出来，就成功了。”

所以五祖演第一个就告诉徒弟们，要成佛没有定法，随便修哪一样，自己想办法。

这其实是一个大教育家的教育方法，不是呆板的方法，是因材施教。有时候骂人是教育，有时候奖励人也是教育，恭维你是教育，给你难堪也是教育。反正教育的目的是刺激你一下，使你的智慧之门被打开就对了。

培训也是没有定法的，哪个有效说不上。有的人是这样开窍，有的人是那样开窍，而且这个智慧不是别人给你的，是你自己本来就拥有的，等自己找出来罢了。

版本二：

大家看过《西游记》，最后取真经时，佛祖说：“给他们最上等的佛法。”取走后，走到半路，一看都是白纸，其实那是真的，是最上等的佛法。大家虽然都不懂，但也知道，佛法最高境界是空啊，空就是没有啊，所以什么都没有才是最高的佛法啊。当然他们看不懂，是凡人，所以，再传的佛法，其实是次一级的佛法，就不是最高佛法，而是工具，是参悟佛法的工具。得到了真正的法，工具就不要了。

教育培训无定法，有的只是工具，得到了真正的方法，工具就可以扔掉了。

（四）展望——成长是永恒的主题

展望是给大家一个对未来的希望，让大家相信只要按照你说的去做，一定会有一个好的未来。

版本一：

培训完了，但是没有人能够在两天内成为一个优秀的培训师。培训师是一个需要厚积薄发的职业，需要一点一滴地积累，一点一滴地实践，用杨澜的话说是："我们可以不成功，但是不能不成长。"从两天的训练中我发现大家都渴望快速成长，那么就让我们用行动达成我们共同的愿望吧！祝大家快乐成长每一天。

版本二：

成功是短暂的感觉，成长是永恒的修炼。

一碗米，一个家庭主妇可以蒸出一碗米饭，也就值一元钱，这是最原始的价值；一个商人用米包成几个粽子，大约能卖两三元钱；一个企业家将米经过发酵，酿成一瓶酒，那就值一二十元钱。人生就像一碗米，每个人都有自己的价值所在，关键是如何去寻找、开发、提升和放大！成长修炼的过程就是自我升值的过程。那么让我们展望未来，快乐成长每一天。

（五）总结——抽出重点与学员说明

"到现在为止，我们已经把今天要讲的内容全部讲完。我们一起来回顾总结几个重点。"

"我们再来看在培训开始前，我们写下的培训期望，是不是已经达到大家的要求。"

总结结尾要简单明了地把事情说清楚，一二三明确，把课程的主要要点提炼出来即可，不是从头到尾复述一遍，那样会给人一种啰唆起来没完的感觉。

（六）呼应——时间管理课程

请学员用一个字来描述一下自己的工作和生活状态。学员的集中回答必然是忙、累、烦等，知道为什么会这样吗？这就是我们今天要分享的内容……

呼应结尾：课程的开始大家用忙、烦、累来描述自己的工作、生活状态，我想这是大家都不希望看到的。经过今天的学习和分享，我们知道了时间的本质是自我管理，所以一切操之在我。而如何进行有效的时间管理呢？我们今天已经分享了一些实用的方法和技巧，并进行了相关演练，请问大家对改变现状有信心吗？（也可陈述）。好的，我相信大家能够运用今天的所学，为自己带来轻松愉快的生活状态，祝福各位，谢谢大家！

第八章

Chapter 8

“编”——巧妇也要有米才能“炊”

所谓“巧妇难为无米之炊”，没有教材，没有课件，没有产品，你怎么演绎？有人说：“老师就是产品。”其实是错误的，老师如果随便讲就是对学员的不负责任，因为每一堂课都是要经过设计的，有自己的指向性，有自己的目的，如果无目的地乱讲就没有任何意义。

一、课程开发自问自答

编写课程“小先锋”——三个问题为你开路！

（1）此次培训学员想学习什么？

也就是学员的需求。在课程开发前不了解企业的需求、学员的需求是没有用的。

（2）此次培训我想教学员什么？

我的教学目的，我要给他们讲什么，讲到什么程度，自己在培训之前要有规划，而且自己要能回答这个问题。

（3）我教给学员的能帮助他解决什么？

解决问题是所有教学的根本，到底有没有用跟匹配与否有关系。教的内容跟学员的认知匹配就非常实用；不匹配，太深或太浅都会导致课程的失败。

当然，在课堂现场就是学员有什么需求，我能提供什么，我的课程能帮助学员解决什么……

二、课程开发整体流程

业务主管李通由于业绩优秀被任命为讲师，经常在部门内部分享交流自己的经验，也算受大家欢迎。人力资源总监王谦听说李通不错，想让他从自己的角度开发一套业务人员如何用人、留人的课程。李通觉得自己业务也懂，管理也懂，觉得没问题，三天就能交差。

于是，李通开始着手，先从网上搜集 PPT 素材，将里面精彩的故事、观点都收集下来，然后把所有的素材拼接到一个 PPT 里面。李通信心满满。

然而当全部拼到一起时，李通头疼了，弄得焦头烂额也没有理清思路。到底从业务角度讲，还是从人力角度讲，纠结了三天也没定好，只好放弃。

案例分析：

（1）没有学过课程的编写步骤，对课程开发没有概念，凭经验行事。

（2）不懂得课程开发和撰写的步骤，胡乱拼接。

要想解决这一问题就要把握课程开发的整体流程，具体如图 8－1 所示。

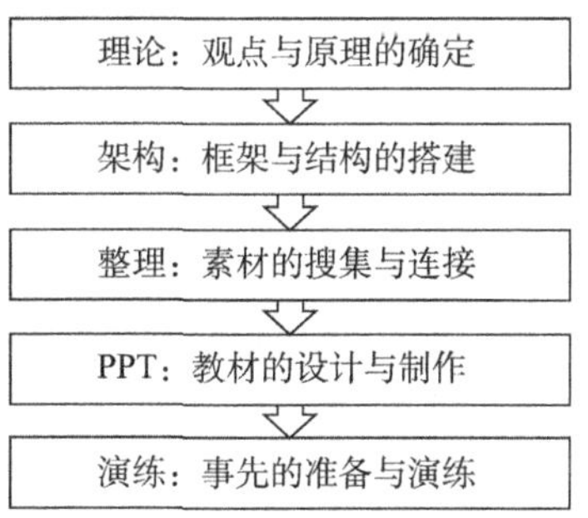

图 8－1　课程开发整体流程

从观点与原理的确定到框架结构的搭建，然后整理素材进行连接，做成 PPT，最后将 PPT 演练一遍。经过这样的过程，才能够设计和编纂出来好的课程。

三、培训课程开发目的

课程的训练目的一定是为了解决问题，弥补需求缺口及缩短表现差距。这个过程在课程大纲中说明时，往往涉及四个主要的层面，也就是我们要达到的目的，分别是认知、学习、掌握和运用。

认知：有些知识只要让学员认知就可以了，比如公司的历史、文化、背景，产品的品牌文化、历史等，这些东西不需要死记硬背，让他们了解就行。还有些跨部门的知识，比如业务部门的人了解财务知识，就只需要在认知层面就行。同样财务部门也要认知到业务部门的辛苦，因为业务员催款很不容易，不是签订了合同按合同办事情就行的，要好说好商量，用技巧和手段才能要回款的。大家彼此了解更多、认知更多就会让彼此的配合更加融洽。

学习：学习层面就比认知稍微增加一些内容，比如人际关系知识、礼仪知识、财务知识。只要是知识都是学习层面的，目的就是让你学习，不需要掌握，比了解深入一点就可以。比如一个业务员进入公司后需要学习时间管理知识、产品知识等。

掌握：掌握是更加高的要求，比如业务员就要掌握人际关系交往知识，掌握营销与销售知识。这些知识对他来说都是后期开展工作一定会用到的。

运用：到运用层面就更加深入了，比如服务员就要能够熟练地应用礼仪知识与服务技巧，要恰到好处，而销售员就要熟练应用销售技巧进行销售工作，一个生产工人就要熟练应用机床生产产品。这些都是运用层面的，简单的认知和学习是不能满足的。

从每一堂课程来看，知识也有不同的层面，比如在《高效时间管理》这门课程中：

（1）认知时间的重要性及规律性。

（2）掌握时间管理原则。

（3）跨越时间管理的陷阱。

（4）运用时间管理方法。

（5）植入不断进行时间管理修炼的意识。

（6）追求效率工作、平衡生活的人生境界！

时间的重要性和规律性知道就可以了。时间不可复制，不可留存，不可逆转，无相无形，这些我们无法改变，而时间管理的原则我们是要掌握的，最重要的是时间管理方法我们是可以应用的。这样我们才能不断地追求工作效率的提升，达到平衡生活的人生境界。

四、课程开发基本原则

开发课程是要有原则的，特别是内部兼职培训师对情况不了解，更需要原则。

我有一个朋友叫作郭蓉，为基层管理者开发了一套课程叫《领导力与执行力》。她就找了很多哲理小故事去给大家讲授，都是寓言故事，什么龟兔赛跑、狐狸乌鸦等，结果评估下来，整个就是一个鞠萍姐姐故事会。这就违背了课程开发的适用性原则，我们不是纯粹地搞教育，要更加贴近公司的生活。

一般要遵循以下几项原则：

（1）**适用性**：要符合市场、符合目标学员水平，也要与自己讲的课程主题相衬。比如案例中的领导力课程，这些课程怎么能用寓言故事这种小儿科的素材去表现呢？至少也要弄点经史子集中的故事吧！这样才达到领导的层次，才配得上执行力的“力”字。

（2）**再创作**：不要抄袭别人的，借鉴后一定要有升华。有句话叫作“千古文章一大抄，抄来抄去有提高”，光是抄没有提高是不行的。自己可以借鉴别人的框架、理念、故事、素材，但是不要全都借鉴，借鉴了理念就不要素材，用了故事就不要他的观点，总之要有自己的东西才行。

（3）**前瞻性**：课件要有未来性，如未来几年的趋势、未来的观点、未来的战略匹配要求等，老师是带领学员和引领学员的人，你的观点要有前瞻性，你的分析要有未来意义，你的理论可以在未来5～10年应用才行，不然都是老掉牙的东西，听了无趣，用着无用。

（4）**结构性**：结构是课程的框架，相当于一个人的骨架。有了骨架你才看起来是人的形状，如果把骨头去掉，估计也就是一坨肉了。好的课程架构非常清晰，逻辑通顺，一以贯之。

五、课程设计基本步骤

成功的培训犹如在讲台上呼风唤雨一样，挥洒自如。但在呼风唤雨之前，培训师首先得认真准备好自己的讲稿。准备讲稿并不是将要讲的话一字一句全写在纸上，而是将课程的结构、大纲、基本内容及小抄等准备好。只有这样，培训才不至于沦为照本宣科的朗读。

（一）搭结构：罗列问题，排列组合

培训师首先得将需要讲的问题全部罗列出来，然后再对这些问题进行组织。每一段演讲都应该有自己的结构，所有的过程都是结构在说话。正是通过结构，零散的问题与故事才得以整合、构成一个演讲的主题。

（二）拟大纲：由大到小，步步推进

大纲就是顺着结构演讲的流程和顺序。演讲前一般要拟三级提纲，先确定演讲分哪几个部分，然后再确定每部分要讲哪几个问题，最后确定每个问题应该分哪几段来讲。拟出三级大纲，演讲的基本思路与组织也就差不多具备了。

（三）填内容：案例与故事

最重要的内容就是故事和案例。在演讲中，听众经常会因为感到枯燥而不愿认真聆听，所以培训师应努力使自己的演讲变得生动，而案例与故事就是吸引听众的最好佐料。要是一个演讲缺乏案例与故事，那就会显得苍白无力，成了无聊的说教。

（四）做预案：方便携带

当有了结构、大纲、内容之后，整个演讲的雏形就已经基本形成了。但由于临场的紧张，培训师经常一上讲台就将准备好的演讲雏形忘得一干

二净。为了避免这种情况的发生，培训师就必须先做好小抄。

做小抄有三个基本要点，即：

（1）只写提示性的关键词，且关键词务求简洁。

（2）提示卡小且便于携带，但提示卡上的字却必须易于辨认。

（3）提示卡一定要有编号，要按照演讲顺序进行编排。

在说服性演讲中有一个很重要的技巧，就是运用苏格拉底法来说服听者。苏格拉底法即培训师不直接说出答案，而是通过不断询问的方式，引导听者说出培训师本想给出的答案。引导出来的答案远比说教性的答案富有说服力，所以也就更容易为听者所接受与执行。

六、搭建课程逻辑框架

框架的价值就像是把散乱的珍珠串成项链，散乱的珍珠看不出它的光彩，当串联成一个手串时，就可以戴在手上当装饰品，而当构建成一套完美的项链时，它的光彩魅力无限绽放。如图 8－2 所示。

图 8－2 框架的价值

最常见的逻辑框架：是什么，为什么，怎么做。

问题：大家都不吃猪肉了，因为大家都认为有猪流感。

原因：但据科学的研究证明，没有数据显示猪和此次的流感有关系，所以我们现在改为 H1N1 型流感病毒。只要加热到 71 摄氏度以上，这种病毒就会死亡，不会对人体造成影响。所以：我们可以放心吃猪肉了。

最方便的逻辑架构：并列架构。

把没有前后、上下关系的内容，并列在一起，这样就形成了课程的整体架构，方便实用。比如，当年很火的一门课程就是余世维老师的《职业经理人常犯的11种错误》，便是如此。

职业经理人常犯的11种错误

一、拒绝承担个人责任

二、未能启发工作人员

三、只重结果，忽视思想

四、在公司内部形成对立

五、一视同仁的管理方式

六、忘了公司的命脉：利润

七、只见问题，不看目标

八、不当老板，只做哥们儿

九、未能设定标准

十、纵容能力不足的人

十一、眼中只有超级巨星

最明晰的逻辑架构：空间结构。

把同一类别的放在一起，然后并列排序。

图8－3是市场竞争策略全局图，就是以店长的经营能力为导向，将课程《三四级市场现状与特征》、《家电市场营销那点事儿》、《强龙压倒地头蛇》、《三四级市场广宣突破》、《店内规划布局与品牌传播》、《关系营销与口碑传播》、《店总如何带队伍》、《店长的自我修炼》放置到全局思维、竞争进店、口碑成交、统帅经营四个模块之中，形成空间结构布局。

最有价值的架构：心智结构。

心智结构是一种用很强的心理逻辑构建出来的关系。这种关系让人无法跳出他的圈子，很完美、无懈可击、毫无漏洞、拥有极强的说服力。

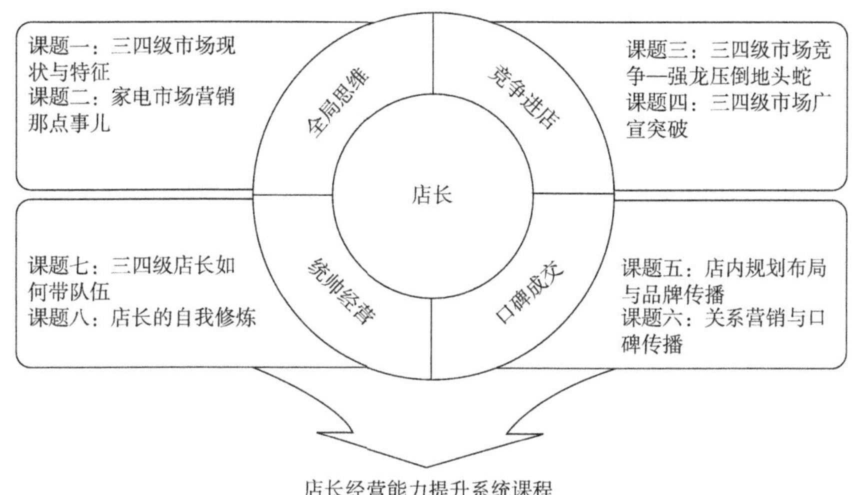

图8－3 经营能力提升系列课程

比如我们都知道的一本书叫《高效能人士的七个习惯》就拥有这样一个超强的心智结构。

如果把这七个习惯按照并列的结构进行排序（图8－4所示），这样就不值钱。简单的排序，看不出有什么内涵，无非是积极心态、目标管理、时间管理、合作等。这些都很普通，因为只有外在的框架，没有内在的逻辑，谁都能开发出来。

图8－4 高效能人士的七个习惯并列排序

然而，作者史蒂芬·柯维的厉害之处在于，他构建了一个清晰的内在逻辑（如图8－5所示）。他把这个内在的逻辑分为三段，即依赖、独立、互赖，从依赖到独立之间是自我成功的阶段。这个阶段我们需要做好三件事，就是积极主动，以终为始，要事第一。把这三件事情做好才能使之独立，想想也的确如此。

自己能够独立的人，都是有目标、积极进取、有时间观念的人，但是如果要做大事，要达到公众成功就要互动合作、互相信任，就需要双赢思维、知彼解己，还要统合综效，才能够公众成功。我们可以看到凡是大成功者，都是很会整合资源，很会与他人合作的。

运用好这三个原则，你就能够公众成功，而最后是不断地循环前进，不断地自我更新，让自己不断地成长，这样才是高效能的人士。

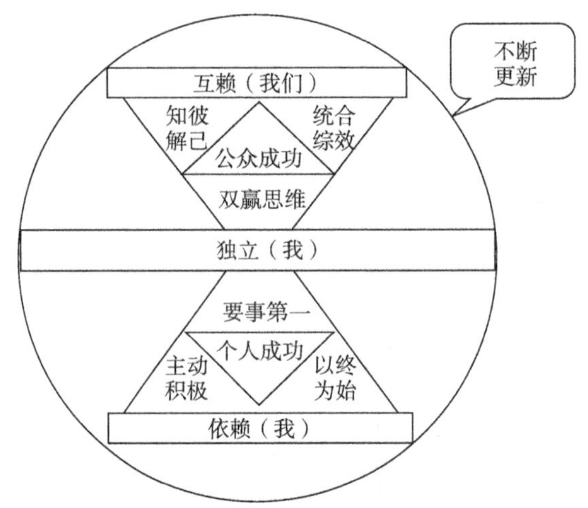

图8－5　史蒂芬·柯维《高效能人士的七个习惯》逻辑图

从各个方面搭建的不同框架有着不同的作用，最后将课程的背景、内容、目的和逻辑架构都整理在一起，就可以梳理出完整的课程大纲。

以苏宁店长的课程为例，如图8－6所示。

课题二：市场营销那点事儿

课程内容

通过市场营销基本概念的讲解，让学员有家电市场营销的基本认识，通过构建消费者满意度的角度，吸引消费者，从产品、成本、体验感等方面构建苏宁的核心竞争力

课程收益

学习理解当地市场的运作手法

掌握找到自己的优势，改进自身不足的方法

运用自己的核心竞争力提升门店业绩

课程逻辑

市场营销基本概念		
市场调研设计与实施（市场容量、消费者、竞争对手……）	构建客户满意度（产品、服务、口碑……）	核心竞争力构建（美誉度、体验感、客户价值……）

课程大纲

一、市场营销基本概念

1. 认识市场营销
2. 市场营销观念
3. 市场营销组合

二、市场调研设计与实施

1. 市场容量分析
2. 消费者分析（市场、动机、行为）
3. 目标客户选择
4. 竞争对手调研

三、构建客户满意度

1. 产品导购
2. 产品选择（帮助客户做选择）
3. 提升服务，增加消费者黏性
4. 口碑营销

四、核心竞争力构建

1. 美誉度
2. 消费体验感
3. 产品竞争力（丰富度、价格）
4. 客户价值
5. 成本控制

图 8-6 苏宁店长课程《市场营销那点事儿》课程大纲节选

七、素材的收集与整理

我个人主张随时、随地、随情、随景收集资料，从书籍、互联网、学员、专家、电视节目等渠道收集，如图 8-7 所示。下面就几个重点的素材收集进行一下说明和探讨。

（1）**累积素材**：作为培训师，应该有长期积累素材的习惯，如 PPT 素材、WORD 素材、视频素材、图片素材、故事素材、测试素材、音乐素材等。当有开发需要的时候，查阅自己的素材包，就像在图书馆一样，什么都有，而且是经过筛选的。如图 8-8 所示。

（2）**网络收集**：网络是个大宝藏，如百度文库、优酷、MBA 智库都是很好用的工具。当自己需要素材，没有灵感时，都可以去试试。当然有

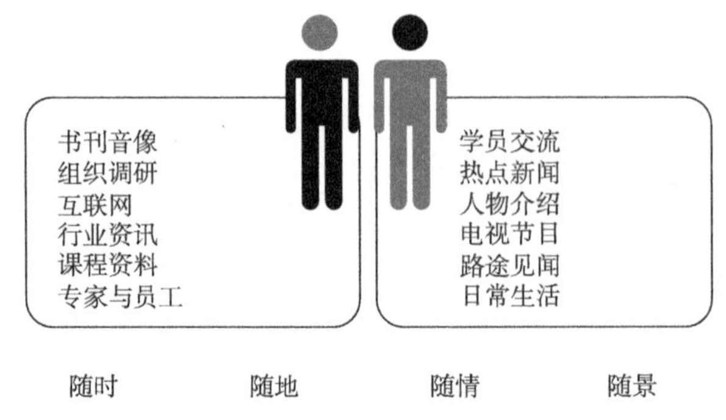

图8－7　收集材料的途径

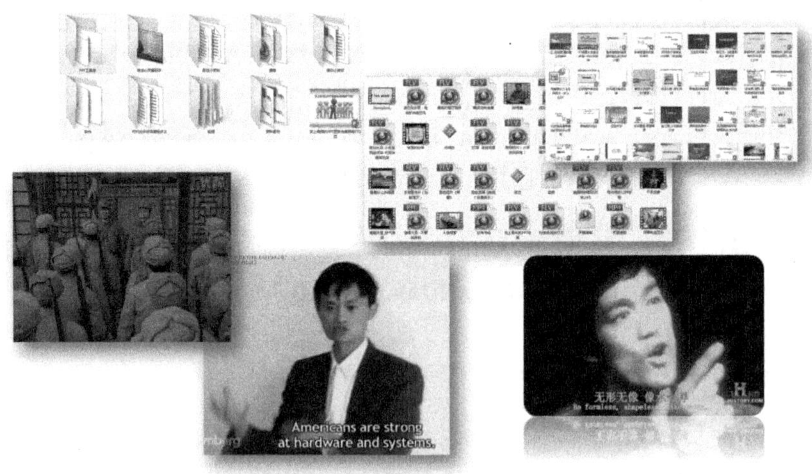

图8－8　素材的积累

些是可以直接借鉴的，而有些是可以间接使用的。

（3）**实地走访：**企业内部培训师可以到区域、店面进行实际走访，进行素材的收集，这样才能够使开发出来的课程更加靠近企业实际。如图8－9所示。

（4）**电话沟通：**作为内部培训师，当没有资料的时候，可以打电话进行市场调查，针对各个地方反映的情况来进行素材收集和整理。可以是数据，也可以是问题资料，还可以是音频资料。

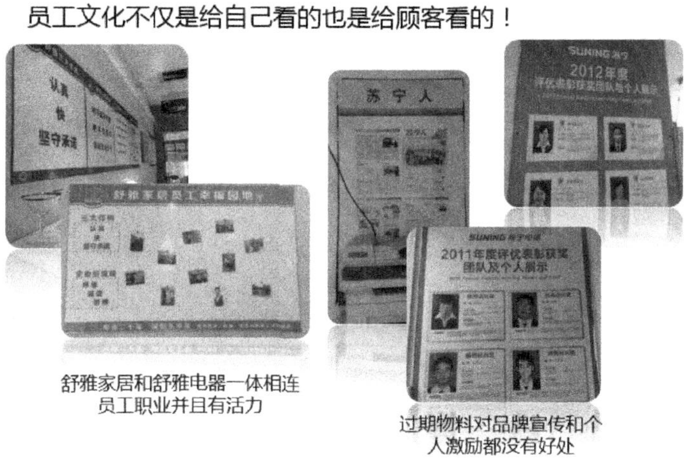

员工文化不仅是给自己看的也是给顾客看的！

苏宁人

2011年度评优表彰获奖团队及个人展示

舒雅家居和舒雅电器一体相连
员工职业并且有活力

过期物料对品牌宣传和个人激励都没有好处

图8-9　苏宁市场走访收集素材

(5) **专家拜访：**当对某一课题不太了解，对某行业不太熟悉时，我们可以咨询专家朋友，让他们给予一些指导，这样的素材具有很强的权威性。比如你要讲家电的行业课程，请教一位做过十几年家电的朋友，将会有很多收获。

(6) **公共号搜索：**公共号搜索是一个很好用的东西，里面的文章都很专业，让人一下子就可以把关心的事情系统地解决，甚至有的文章可以直接做成PPT使用。如图8-10所示。

图8-10　公共号搜索

八、领悟链接演绎触动

素材收集回来后，需要进行整理，链接到自己的课程当中，这就需要根据我们自己的领悟进行链接，然后通过课堂的演绎让学员有所触动。

（一）步骤一：领悟

很多东西只是知道，没有去研究就不会有感悟，没有感悟就讲解得没有那么深刻。

比如，我们很多人都听说女人生孩子是很痛苦的，如果用刀割手（有意的）疼痛程度为9分，那么女人生小孩时的疼痛程度能达到9.7分。

这是我2003年的时候听说的，如果当时我给别人讲这事，那是知识，但是我现在再来讲，那就是感悟了。我老婆生孩子的时候我在身边，看着老婆痛苦的表情，却又帮不上什么忙。当时我妈和我舅妈两个人眼泪流得跟断了线似的。当你看到这种场面，你能没有感触吗？

这时候你发现9.7分是真的了，要不然就会想："这什么啊，数据统计都是瞎说的，真有那么痛苦吗？那我奶奶为什么生了我爸他们哥儿七个呢？人家是怎么生的，大惊小怪。"通过自己的感悟讲自己的故事，和理论数据链接到一起，才更加有说服力。

（二）步骤二：链接

假设你收集到了这样一个案例：有两个营销员，一个为了今后能更多地增加薪金，从现在起努力提升自己的文化水平，使自己的学历更高。现在是大专，今后则要把它变成本科，所以他就报班，每天完成8小时工作后就去自学大学本科的内容。

另外一个营销员，他也给自己确定一个目标。这个目标要使自己成为一个非常高级的营销人员，甚至能够成为营销大师，他也要学习。在8小时之后，他所学的与前面一位就完全不同，他学习营销中与客户打交道所需要具备的沟通能力，还有整合营销的一些知识和营销技能。而且学以致用，第二天去面见客户的时候，他把工作作为一次学习、一次实习，这时他的工作变成了他学习的一种延伸。

渐渐地这两人之间的差异就很明显了。

前一位营销员觉得学习和工作在很多时候让他身心疲惫，虽然也得到了一个专升本的学历证书，但是他在销售工作岗位上却没有任何进步。而后一位将工作和学习很好地融为一体，他的工作业绩远远高于其他人，而他在学习上也实现了自己的目标。

点评：

确定的目标如果和学习、事业、人生等联系在一起，就可以相互促进、相互协调。还要注意一点，在目标确定上，不仅要树立长远而清晰的目标，而且要设定一个理想和现实能很好融合的目标。

这种故事可以链接到我们的目标管理中去，也可以链接到时间管理中去，还可以链接到选择决定命运的课题中去，根据自己的需要去选择。

（三）步骤三：演绎

两副担子的故事

假设有一副担子重50斤，另外有一副担子重100斤。要你选择一副担子向前挑100米，但是无论挑哪副担子所给的价格全是100元。这时大多数人的第一反应和真实选择肯定是挑50斤的。然而，这时候我们就进入了一个可怕的陷阱，那就是你埋没了自己的潜能。因为当你选择50斤担子时，时间一长，别人就会觉得你的能力只有50斤，最后连你自己也都觉得自己的能力不过如此。其结果是使得我们绝大部分的人庸庸碌碌过一生，无法出头，无法成功。

（1）**启示连接**。我们绝大多数人自以为聪明，不愿意付出，不肯吃亏，总是斤斤计较，所以最终不会获得成功。如果我们选择了100斤的担子，表面上看是有一点吃亏，但是如果一直这样做下去，我们既显示了自己的才能，又展示了自己的潜能。这样，我们的管理者、同事、企业、社会就会发现你的这个特质，发现你对于工作、对于社会、对于企业的好态度，你才有可能获得发展的空间。所以，越是缓慢的回报往往越是大的回报。

（2）**演绎升华**。有一天有件很有挑战性的工作，要求挑300斤，而你只能挑100斤，老板说了，也不会让你一个人去挑，不现实，这样给你两个能挑50斤的人，其他的困难就需要你自己想办法了，你敢不敢接？当然敢了，你怎么办？把那两个能挑50斤的训练得和你一样优秀，这是初级的领导。高级的领导是，把他们训练成都能挑150斤的，你就喝茶去了。有今天的付出才有明天的收获。

（四）步骤四：触动

培训的最终目的就是让学员思想有所触动和改变，不然培训没有任何价值。触动就是培训课堂的终极目标，作为学员有触动就等于开窍了，开窍了就等于发动了，发动了就起航了，这就是你作为一个培训者做的贡献。就怕讲了一天的课程，学员一动没动，思想没有一点点触动，就没有任何意义了，学员回去后当然更加不会动了。

九、开发课程无定式

开发课程没有定式，根据学员的情况和自己的理解，可以创造性地开发任何课程。比如一次被要求到某大学去演讲，我就结合学员年轻化又爱玩游戏的特点开发了《酷跑人生》课程（如图8－11所示），进行了三个小时的演讲与问答。

《酷跑心得》玩索而有得

方向：酷跑的原则，只能前进没有后退，人生亦是如此！

障碍：尝试十次你会发现技术障碍，尝试百次你会发现心态障碍，尝试千次你会发现没有这样的障碍！

图 8－11 《酷跑人生》课程

道具：最好的道具并不能帮你所向无敌，因为经验值必须自己练！

夺冠：皇冠太多并不一定代表你有多牛，说明你圈内没有什么高手！

复活：复活并不会让你跑得更远，多数是死得更快，所以人生要珍惜每一次的精彩！

送心：给你送心的人不都是为了换心，也许他只是想给你一颗心！

第一：想得第一，要准备一流的角色、一流的坐骑、一流的技术！

特权：特权在什么时候都值得拥有，让你迅速超越常人！

豪赌：穷草根没有资本豪赌，富土豪没有必要去赌，不差钱！

挑战：多个朋友多条路，好友是完成任务的基础。

抽奖：得之我幸，失之我命，来去自由。

金币：钱花不完真的是一种痛苦，什么东西都适量才是最好的。

钻石：要集中资源，用在最优势的地方，才会有收获。

技术：不看得分，不想未来，只关注当下这一步。

玩索：孔子学《易》韦编三绝，玩索而有得，吾辈虽愚，愿效仿之。

第九章

Chapter 9

“做”——做不同类型课程的思路与方法

一、企业类课程

企业文化与企业介绍类课程的开发，除了要注意课程编撰的目标和作用以外，还要讲策略和方法，利用好策略和方法，有助于企业内部培训师开发课程。

企业介绍类课程是公司的基础课程之一，开发起来也相对容易。

主题：公司介绍、企业概况、企业介绍。

目的：宣传公司，让员工认同公司的文化。

框架：一般应用时间顺序或是模块结构。

素材：从高层访谈收集，也可通过文件查询、网络新闻素材整理。

PPT：排版要精美，图片要高清。

对象：主要为新员工。

要强调的是开发的过程一定要从高层访谈，能直接访谈最好，这样可以获得第一手的资料。还有公司公开的文件也是非常好的媒介，最后还要跟部门领导讨论确定，以免出现不应该说的，或是不相称的表述内容。

二、知识类课程

知识类的课程是最容易开发的，因为理论教科书到处都有，随意摘抄就行了。然而，知识类课程大多数枯燥乏味，面临的最大问题就是如何让课程生动活泼起来，这就需要我们运用一些方法。其中利用实物，一边演示一边讲解的方式是最好的，同时结合理论知识进行升华。

比如在皮具公司培训时，就会以实物的形式让大家感受产品的好坏，然后顺便讲解什么是“真皮”。

当然如果实在不能实地考察或实物展示，可以运用图片的形式进行，也比纯粹的文字堆积更能让学员喜欢，比如，我在太太乐公司培训的时候，运用这样的流程图（如图 9－1 所示），就可以很好地调动学员的积极性。

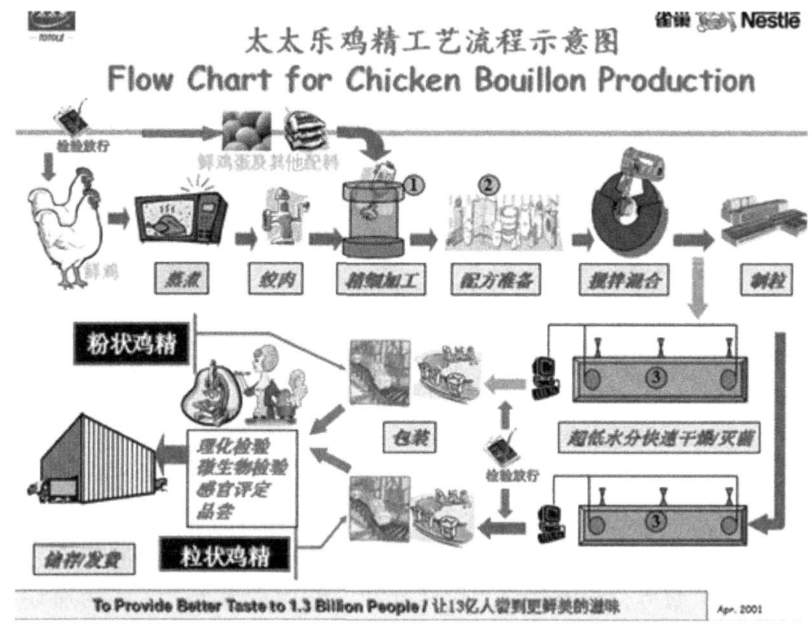

图 9－1　太太乐鸡精工艺流程图

对于知识性课程来说要设置一些问答环节，让团队进行竞赛，这样可以使学员不觉得枯燥乏味，人人都兴奋起来去学习、记忆你所讲的内容。

三、业务类课程

业务类课程主要是指销售员、业务员学习的销售技巧类课程，这类课程是基础的销售课程，通过正常的编撰开发步骤后，需要以顾客为导向，然后把销售流程分解。一般从客户开发到促进成交需要 5～8 步，把每个步骤的关键要点寻找出来，结合自己公司的业务要点进行讲授即可。

对于一个拥有展位的销售来说，他的销售分为六大步骤，如图 9－2 所示，包括迎接顾客、了解需求、推荐介绍、处理异议、完成销售和处理投诉。而每个步骤又有自己的关键要点，根据每个要点展开讲课，这样的业务课程开发就可以顺利完成。

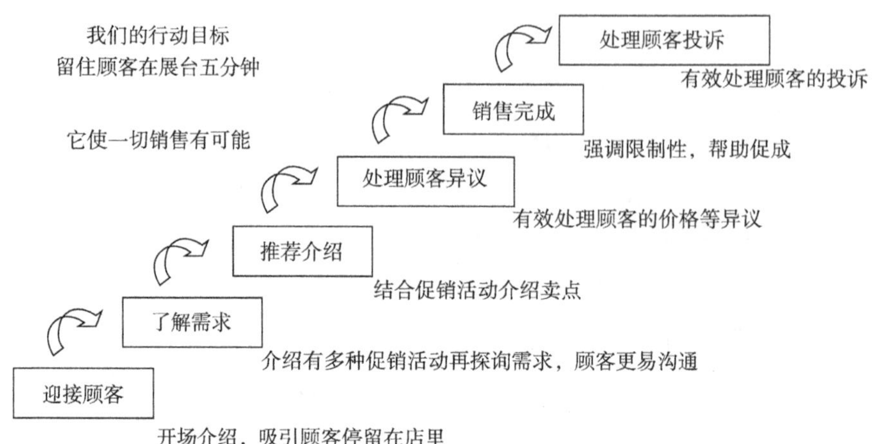

图9－2　销售的六大步骤

业务拓展是一个循环往复的过程（如图9－3所示），从收集客户的资料到做好售后服务，让顾客去为你转介绍，然后进入下一个销售循环。在这过程中我们要强调“顾客是最好的老师”，顾客教会业务员做销售的一切知识，是顾客的不认同让业务员找到销售的机会。顾客知识的高深与对产品的精通，让我们不得不更加精进，所以销售员最好的老师是顾客。

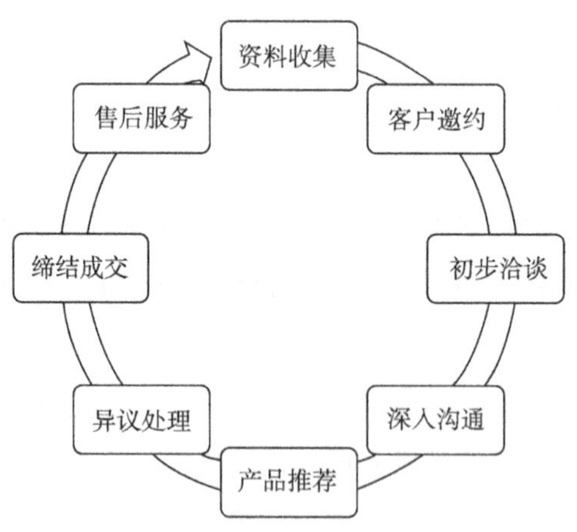

图9－3　销售八大步骤循环图

四、制度类课程

开发制度类课程必要让上级领导确认，执行人如何把握尺度。不是所有符合法律要求的课程都适合公司。

有一次公司培训主管对劳动法的加班调休制度讲解后，店员就开始要求店长给自己加班工资了，闹得员工到公司人力资源部投诉，直到业务部的领导和人事部的领导出面沟通才解决。

为了不枯燥，制度类课程最好用案例分析的形式，迟到早退、加班、社保、产假等相关问题都可以用案例讲解。

讲课的最后强调制度是灵活的，规避公司的很多法律风险，强调行业特色，让大家有效遵守和执行。核心是让大家的行为规范符合公司的要求，这一点开发者需要着重注意。

图9－4是某公司的早会制度，像这样的制度是合理合情的。而有的公司动不动就罚款，是不符合劳动法规定的，而这里面的扣分和乐捐制度就有效规避了这些风险。但是在公司的规定里面有可能写的就是罚款，但内训师课程PPT中不会体现这样的字眼。

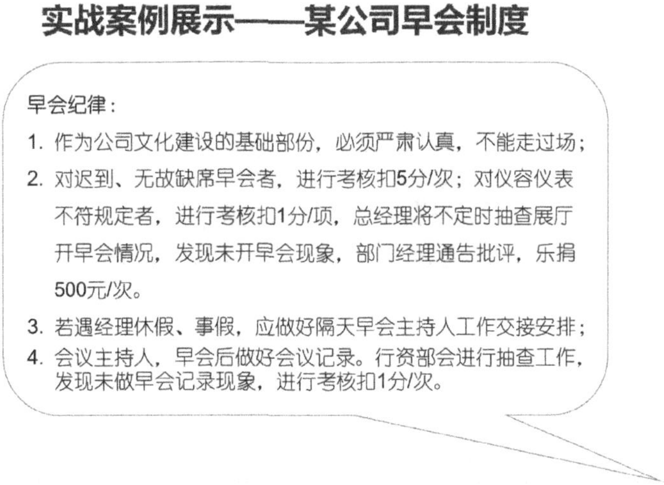

实战案例展示——某公司早会制度

早会纪律：

1. 作为公司文化建设的基础部份，必须严肃认真，不能走过场；
2. 对迟到、无故缺席早会者，进行考核扣5分/次；对仪容仪表不符规定者，进行考核扣1分/项，总经理将不定时抽查展厅开早会情况，发现未开早会现象，部门经理通告批评，乐捐500元/次。
3. 若遇经理休假、事假，应做好隔天早会主持人工作交接安排；
4. 会议主持人，早会后做好会议记录。行资部会进行抽查工作，发现未做早会记录现象，进行考核扣1分/次。

图9－4　某公司的早会制度

五、服务类课程

服务类课程主要是商务礼仪、服务礼仪、操作规范类课程，这些课程是顾客服务导向，但是更多的是强调我们的内心修炼、自我成长、服务规范和行为的长期训练。把握这些环节进行课程开发，就能把握住重点、要点和难点了。

男女着装的注意点如图9－5所示。

礼仪是人们在社会活动中所形成的行为规范与准则。

孔子说：“礼者，敬人也。”“礼”所规范的是一个人对待自己、对待别人、对待社会的基本态度。

礼仪的核心是尊重，做什么都是以尊重人为核心的。不同的是根据不同行业的要求和规范，根据公司的标准进行开发，然后一一训练，最主要的是对课程核心的把握和对员工行为的训练。规范标准哪里都有，可以借鉴，服务类课程基本如此，希望内部培训师好好把握好这个关键。

男士：
（1）西装或长袖衬衣配领带（职业男性短袖衬衣不能配领带），干净整洁，无褶皱。
（2）领带采用标准职业打法，长度标准到皮带扣中部。
（3）配与裤装同色系袜子。
（4）穿黑色系带皮鞋。

女士：
（1）职业裙装。
（2）统一丝巾打法。
（3）必须穿着统一颜色的丝袜。（无划痕，破损）
（4）穿包跟包趾黑色皮鞋，高度在5厘米内。

图9－5　男女着装的注意点

第十章

Chapter 10

“用”——培训师开发课程的有效工具

一、PPT 演示要素及基本要求

PPT 演示的作用如图 10－1 所示，对学员对象 PPT 制作的分析如图 10－2所示。

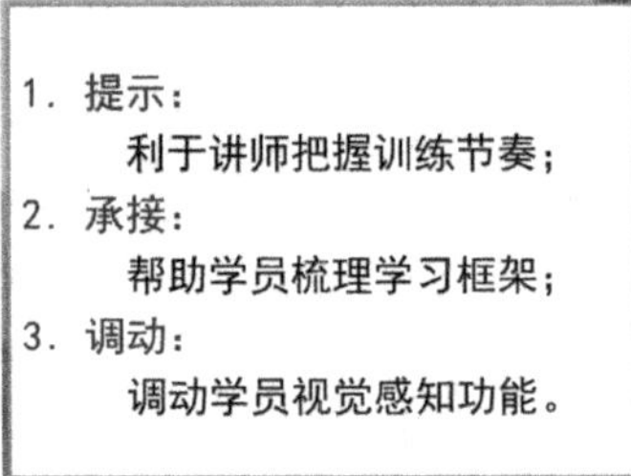

图 10－1　PPT 演示的作用

	年龄	职业	职层	职位	学历
	年轻/年老	官员/民企/国企外企/学校	高/中/基层	销售/研发/生产/行政/财务	高/低
理解力	☑高	□中	□低		
兴趣点	□知识	□理念	☑价值	□卖点	☑其他
配合度	☑期待	□无所谓	□反感		
风格	□稳重	☑现代	☑时尚	□娱乐	
逻辑	☑严密	□跳跃			
文字	☑少大	□多密			
图形	□图片	□图表	☑兼顾		
色彩	☑活泼	☑保守	□清淡		
动画	□丰富	☑点缀	□不用		
多媒体	☑丰富	□点缀	□不用		

图 10－2　学员对象 PPT 制作的分析

PPT 要根据学员的特性采取不同的形式，最好在制作 PPT 前对学员进行一些调查，通过调查精准锁定学习的诉求。

一般来说，无论什么学员都要求培训师的 PPT 要有逻辑、主题和观点项目，要用图文，清晰而贴切的图文效果更好，要简洁明了，这样才能调动学员的积极性，也有利于培训师运用 PPT 把握自己的节奏。

（一）逻辑

PPT 的逻辑架构跟课程的架构是一致的，这里不再重复叙述，大家可以参考架构搭建模块。有一点需要在这里强调一下，叙事的逻辑，要在标题上就体现观点，这样才能让学习者一目了然。

搭建逻辑架构的过程有两种。一种是自上而下的形式，当你对业务很熟悉的时候，你可以快速列出中心思想、问题的逻辑架构，然后分析可以获得的素材，将素材放到相应的架构下面，完成一个金字塔型的框架结构。具体如图 10－3 所示。

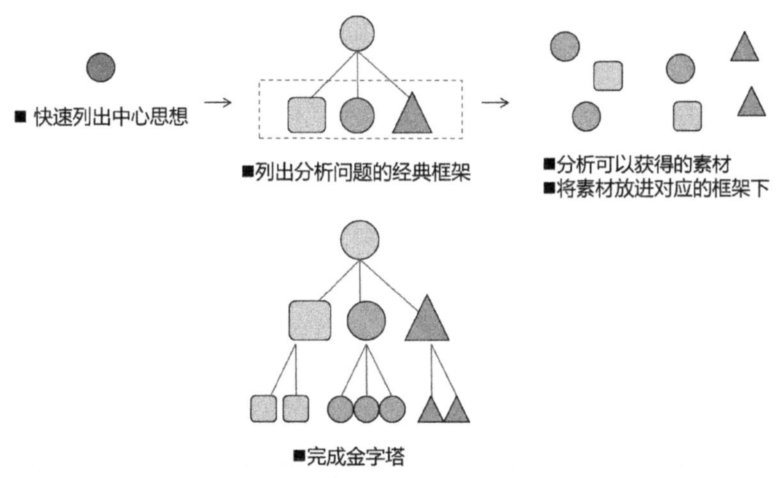

图 10－3 自上而下的形式

另外一种是自下而上的方式，当你对业务不熟悉，无法一次就把中心思想敲定的时候，你可以先从零星的素材入手，然后想办法收集更多的素材，构建初步的框架结构，再去发现新的素材。在过程中逐步完善框架，调整补充材料分类，最后不断改进，完成一个课程整体的金字塔结构。具体如图 10－4 所示。

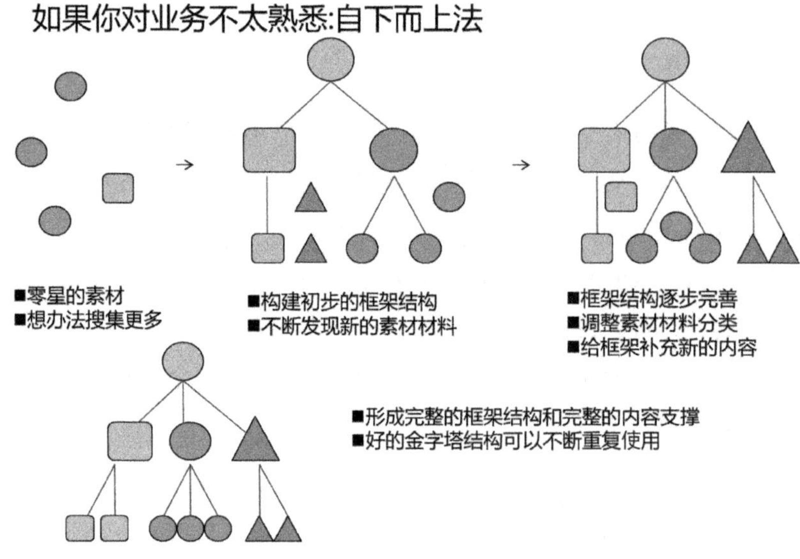

图 10－4　自下而上的方式

（二）主题

无论是写 PPT，还是在生活中，一个糟糕的汇报者是在描述过程，而一个优秀的汇报者才注重结论。让领导者或是学员明晰地得到你的结论才是你课程的唯一目的。

（三）图文

授课的 PPT 要图文并茂，有了图文才能吸引大家的眼球，让大家眼前一亮，印象深刻。而从做 PPT 的角度讲，图文也是有很多要求的，希望作为培训师的你，对此增加一些了解。

如图 10－5 所示，图左也是图文，图右也是图文，但是从视觉化的角度来讲，右边的图文更加具有冲击力，这种才是我们培训师的首选。

作为现代的培训师，应用图片有很多的好处，可以让自己的课程增色不少。为了给学员一些启示，我对全图型 PPT 的优劣势进行分析，如图 10－6所示。

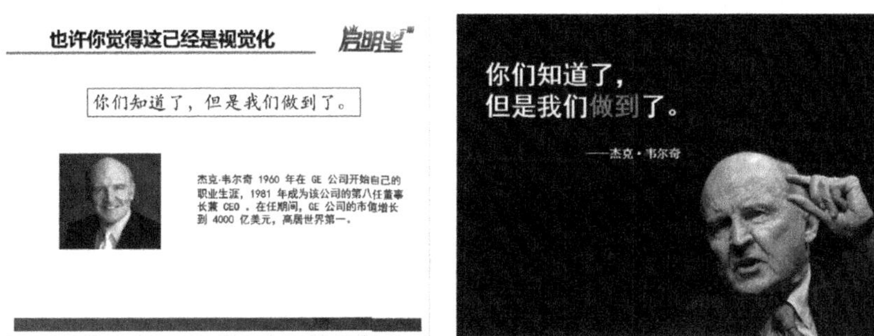

图 10-5 图文视觉冲击比较

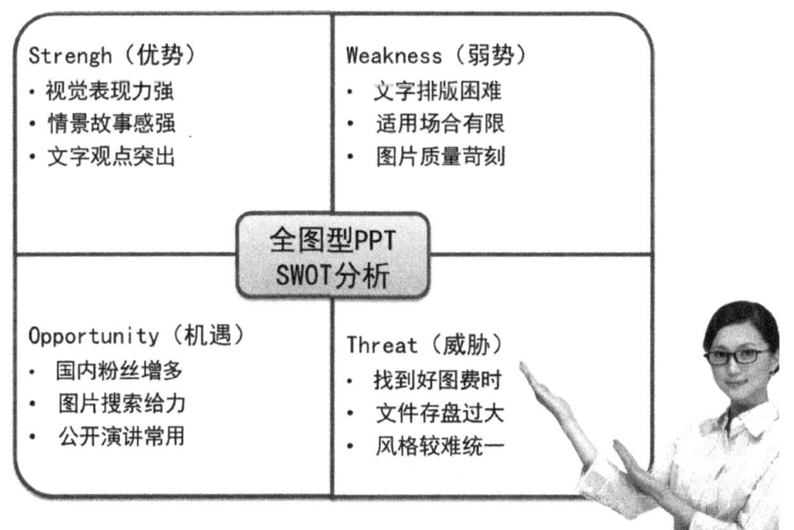

图 10-6 全景图的优劣势

（四）制作 PPT 的注意事项

制作 PPT 的方法有专门的课程，在这里只是针对培训师提几个针对性的问题点，从内容方面推荐一个“KISS 原则”（keep it simple and stupid）。

（1）能用短语就绝不用句子，多多推敲，多多锤炼。

（2）能用图形就绝不用文字。

（3）巧妙运用图像、声音、影片，案例取自身边，生动投入。

（4）课件简单化，教具熟练化，手册口语化。

制作 PPT 的原则，如图 10－7 所示。

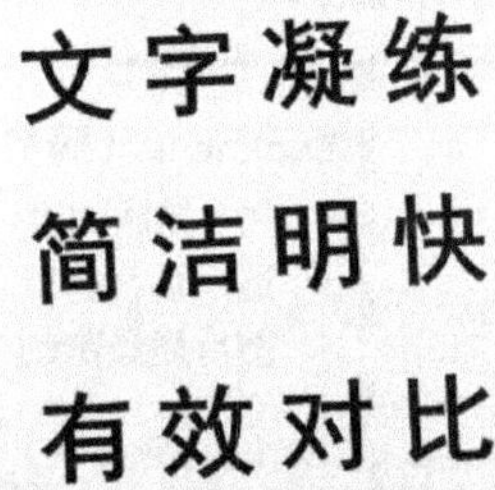

图 10－7　制作 PPT 的原则

1. 标题使用

（1）简洁有力地传达每张 PPT 的重点。

（2）最好以 5～9 个字来说明。

（3）勿用标点符号。

2. 根据母版选择字体颜色

（1）避免颜色太浅或太深，看不清。

（2）避免颜色太平淡或花哨。

（3）重点内容用不同颜色。

3. 培训不是检测视力

（1）PPT 字体要大、行数要少！

（2）大标题字号为 40 或 44 点。

（3）正文字号为 28 或 32 点。

PPT 的问题演示和改进分享，如图 10－8 所示。

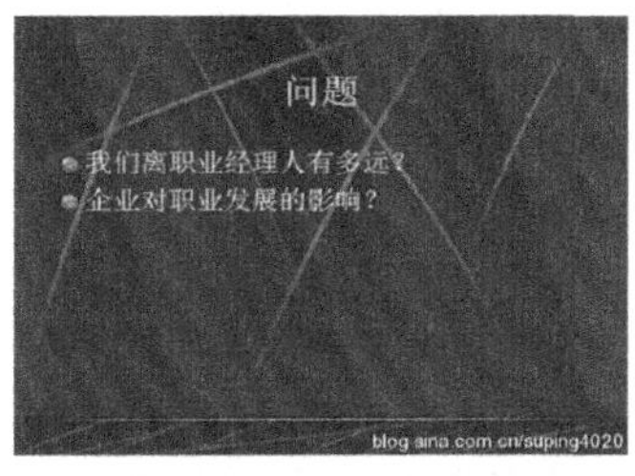

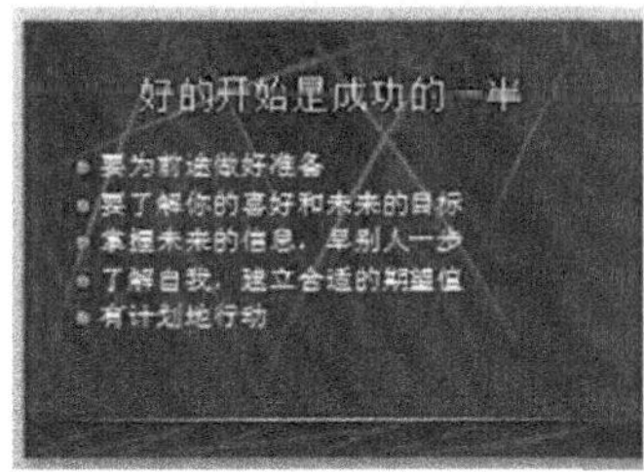

图 10－8　讲师 PPT 改进分享

4. 做“三好”学生

要想用好 PPT，需要有好资源、好模板、好教练，只有做好“三好”学生才能够让自己做的 PPT 高人一筹。

二、培训行为配置表的编制与应用

表 10－1　培训行为配置表

时间线	内容线	方法线	演示线	情绪线	辅助线
5	主题一	讲授	p1	激情	讲义

续表

时间线	内容线	方法线	演示线	情绪线	辅助线
10	主题二	演练	p3	理性	道具
30	……	游戏	p6	思考	案例
90		讨论	……	……	……

根据表 10－1，培训行为配置表编制时要注意以下问题：

（1）时间：讲这一话题要用多少分钟（提前自我演练）。

（2）内容：内容是什么，主要是什么话题。

（3）方法：讲授、游戏、视频、演练、讨论、分组竞赛。

（4）演示：PPT 的放映。

（5）情绪：理念需要理性地讲解，讲励志类的一定要激动，你要的是传递给客户什么样的感觉。

（6）辅助：道具、表格等教学工具的运用。

对于初级的培训师来说，一定要亲自制作和设计一下《培训行为配置表》，这样你才能保证自己对课程有完全的把控，让自己在与学员互动中有条不紊地把握节奏。

三、思维导图的工具使用

思维导图是东尼博赞的创造，在人的思维记忆、逻辑思考方面有非常好的作用。作为一个培训师，我也经常使用相关软件，当然思维导图的应用领域很多，大到公司规划战略，小到家庭旅游小事都可以用思维导图的方式来处理，而且有意想不到的效果。

这里谈到的是培训师如何运用思维导图的几个方面。

第一，用思维导图看书。读书是培训师的基本工作之一，不看书的培训师我还真没见过。用思维导图的方式看书能快速、便捷地吸收里面的营养，而且如果你有兴趣可以把书做成思维导图，能加深记忆，在今后的培训中定能发挥它的作用。

用思维导图看书就是把书的标题作为核心点，然后找出重点的三个分支进行梳理性阅读，最后将你获得的重要信息写在脉络中。等一张图制作好了，一本书也就读完了，不妨再做上一段总结，便于分享也便于回忆。

第二，用思维导图做框架。培训师经常要开发课程或完善课程，而在课程开发中最重要的环境、结构的搭建、逻辑梳理方面没有比思维导图更好的工具了。我们可以把自己的零星想法用思维导图的方式做不同的排列组合，从中选择最适合自己的架构。有了架构我们再找观点、素材就很容易操作了，好比产品已经分好类别，只是摆到货架上就行。

第三，用思维导图头脑风暴。有时候自己需要些灵感，用思维导图方式记录头脑风暴的灵感是不错的体验，想到什么就写在上面。看见你的观点在一个中心向四周开花时，是一种很奇妙的感觉，最后把其中的观点合并分化，你的主要观点就出来了。

第四，用思维导图做规划。每个人都有自己的目标和志向，每年也都有自己的目标，但是往往在工作、生活中迷失了方向，在做事情的时候偏离你最开始的初衷。而用一张图可以把你的中心目标一目了然地呈现，让自己清楚自己的方向、自己的计划、自己要走向何处，什么是该做的什么是不该做的。

培训师都有自己的人生发展规划，如做咨询、当顾问、写书、照顾家庭、讲课、营销，有太多的事情了。用思维导图梳理一下，也许我们不能改变现状，但是会更好地看清自己的位置，清晰自己的方向。

思维导图的应用远不止于此，阶段性的成长学习就分享到这里，祝各位朋友利用好这个工具，为自己的事业发展加点力。

培训师悟语

（1）好的课程是设计出来的。

（2）好的素材是积累出来的。

（3）好的效果是沟通出来的。

（4）好的口才是历练出来的。

（5）好的氛围是调动出来的。

（6）好的配合是要求出来的。

（7）好的老师是修炼出来的。

下篇
“知行合一”闯天涯

知行合一总括解析：“知”是被动学习的过程；“行”是主动出击的果敢；“合”是自然天成的睿智；“一”是一以贯之的智慧。有些人像骆驼一样学习“知识”，而有些人像狮子一样主动出击学习。最后我们学的是什么，是一个小孩的状态，不偏不倚，像张白纸，想画什么画什么，而且吸收能力特别强，这就是“合一”的境界。

第十一章

Chapter 11

“知”——课堂训练的理念

一、培训前的准备

准备表明态度，态度呈现专业，专业赢得信赖！培训师现场呈现就是精心准备的过程。那么都要进行哪些准备呢？

准备一：硬件设施的准备

资料：学员教材、随堂资料（说明性资料、讨论资料、测试文件）、评估表格、笔记与手稿等。

工具：讲师教材、白板和白板刷、投影仪和投影屏幕、录音摄像设备、麦克风和电池、图表海报、座位牌、绘图纸及其他需要特殊准备的材料。

场地：以正方形或长宽比例为4：3的长方形为宜，有能源设备、恒温设备、充足的自然光线、无噪音、无电话、有多相插座的电源、桌椅完好、座位安排妥当等。

授课前准备：

（1）放松身心，不要过度紧张耗费精力体力。

（2）检查资料，讲义、PPT、其他的文案材料。

（3）提前一天检查讲师的布置，确认硬件设施齐备。

（4）培训当天提前30分钟到达培训地点（熟悉环境，学员沟通）。

（5）准备好自己的辅助物品，如闹钟、道具、小音响等。

不同的课堂形式对讲师的要求不同，所以讲师最好根据现场的人数和课题要求选择不同的会场形式（如图11－1所示）。一般说来小组式最适合讨论和训练，除非座椅不能移动，不然多数建议采取小组式来进行教学。

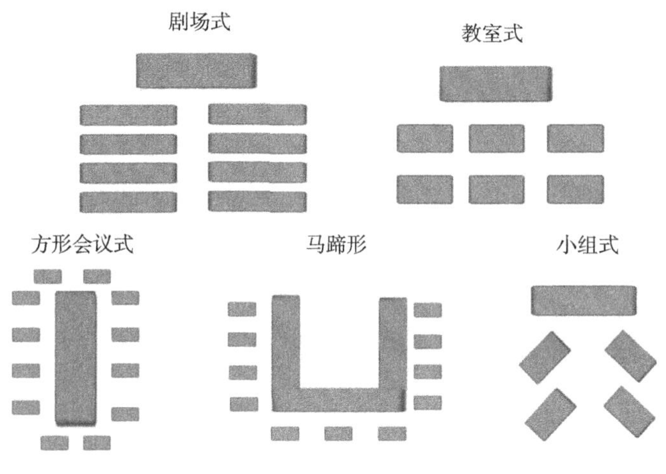

图 11－1 课堂的几种形式

准备二：软件思想的准备

第一是平等。

我们说：“老师是站着的学生，学生是坐着的老师，老师是学生的学生，学生是学生的老师”。所谓的“教学相长”，尤其是以成年人为对象的职业训练，事实上就是培训师与学员进行互动交流、分享的一个过程。

第二是乐从。

也就是说，在职业训练的现场，无论培训师还是学员都应该包容不同的观点和看法。尤其是培训师本人，更不能简单地否定学员的某些所谓“错误”的想法，因为任何认识在某些特定情景下都有其相对合理的一面，同时，也要鼓励学员勇于对培训师进行质疑。

从某种意义上讲，“人是不可能被改变的”，所以，不主张培训师去做刻意改变学员的努力。而“人是环境的”，恰恰表明培训师在训练现场的核心任务在于营造一个让学员感觉舒适、宽松、融洽的氛围，只有在这样的环境中，学员才可能以更加开放的心态去接受一些新的理念和方法。

第三是内省。

即用心去感悟、去反省，然后发现改善的切实路径。在实践中我发现，一次真正对学员有帮助的训练，关键在于学员能否结合自己的实际进行感悟和转化。曾子曰："吾日三省吾身。"所以，我主张在训练现场，作为培训师应该倡导与学员一起就某些观念和方法进行切合实际的思考，然后在某些理念指导下寻找最好的、适合于其个人实践的改善路径。

二、最关键的准备——如何控制紧张的情绪?

我们先来分析一下紧张的原因有什么：

（1）怕忘了：这是最普遍的原因之一，担心自己忘词下不来台，所以紧张。

（2）怕不能控场：一对一讲话，很容易，一对多，人多嘴杂，怎么办，所以紧张。

（3）怕别人比我强：一场培训几百上千人，藏龙卧虎，自己只是小小角色如何应对。

（4）没有充分的准备：PPT做得不到位，演讲稿写得不到位，道具准备不到位，都会产生紧张。

（5）期望过高：自己对自己要求太高，希望发挥得更好，反而适得其反。

（6）害怕失败："万一讲得不好，以后怎么见人啊?"所有上台的人都这么想。

（7）没有类似的经验：以前从来没有讲过课，所以紧张。

（8）自然的生理反应：有些紧张反而是正常的，只要在一定范围都好，但紧张过度就不好了。

克服紧张的方法，要从充分准备开始，如充足的睡眠，良好的开场白，辅助器材的使用，提前到场接待学员等，其实没有人不紧张，紧张是正常的表现，在这么多的人面前讲话不可能开始就那么潇洒。

给大家提供几个方法或许可以缓解一下。

（1）自己不说没有人知道。

其实有一点小的紧张，你不说是没有人知道的，而有的内训师就偏偏爱讲“不好意思，我有一点紧张，有讲的不好的地方请大家原谅”。同时要避免暴露自己事情的发生，如拿着讲稿的手不停地发抖，结果本来正常的紧张被放大了；拿水杯去喝水，结果一发抖都洒了；拿激光笔在屏幕上乱点，结果停不下来，用激光笔在屏幕上练太极。

（2）关注的焦点转移到自己身上。

无论屋子里有多少人，只要你不去看他，其实就只有你自己而已，还有什么紧张的呢？你今天的目的不是让所有人满意，而是将自己想说的说出来，想讲的讲出来。

越想控制紧张就越紧张，所以当看到赵本山说“我叫不紧张”时，为什么会笑呢？这是一个正常的现象。越想睡觉越睡睡不着，越想不紧张越紧张，所以我们要跳出这个圈子——关注自我。

（3）对自己讲的内容自我确认。

我讲的东西在我的角度是最好的，是我独有的。有些人一提到讲课，就想自己会什么，心想万一有人比自己强怎么办。我告诉你不是万一，而是一定有人比你强，因为“三人行必有我师”，怎么可能你讲的大家都不知道呢？但反过来讲，怎么可能你讲的他都知道呢？所以不用怕他，你在你的领域和生活中是独一无二的。

（4）追求适度的紧张感。

有人讲：“我躲还来不及呢，你还让我追求，这不是闲扯吗？”我说紧张是好事，任何事物的存在都有它的好处，当你不紧张时，你的职业生涯也就该结束了。

我们想一想，我们谈恋爱的时候，是不是很紧张，碰一下手都激动得不得了，结婚以后呢？还激动吗？就成七年之痒了？真正讲课的人，如果面临学员时都产生不了激动兴奋的状态，那他就讲不出一堂好的课程。有一次我听韦唯做访谈节目，她讲她每次上台都激动、紧张。有人奇怪，她多大的场面没有见过，到小的场合还会激动吗？我感叹她是一个天生的表演歌唱家。

适度的紧张感可以促进血液循环，使我们的思维敏捷。只要不紧张到痉挛、晕倒都是正常的，没有什么问题。

（5）**多多公众发言是最好的法宝。**

有人讲，这些都试过了，不管用，那我再教个保证能行的方法，还很简单，就一个字“练”。千锤百炼恐怕是你唯一能做的了。

（6）**自我暗示。**

可以将下面的语句默默地说给自己听：

豁出去了，反正死不了！

只有完美的练习，才能有完美的结果。

今天放下面子，明天才能更有面子！

开口，开口，再开口！

实践，实践，再实践。练！练！练！

（7）**生理调节法。**

这些方法很多，简单说几种：

上台前到卫生间照照镜子，让自己更加自信。

上台前喝一小听啤酒，让自己壮壮胆子。

上台前做些热身运动，摇头晃脑的，大喊大叫，随便你。

上台后深呼吸，让自己身体氧气充足。

上台后大声地问候大家，通过提高自己的声音，让自己的紧张情绪转移。

三、培训的关键和演绎要求

（一）现场呈现的四大关键

具体如图 11－2 所示。

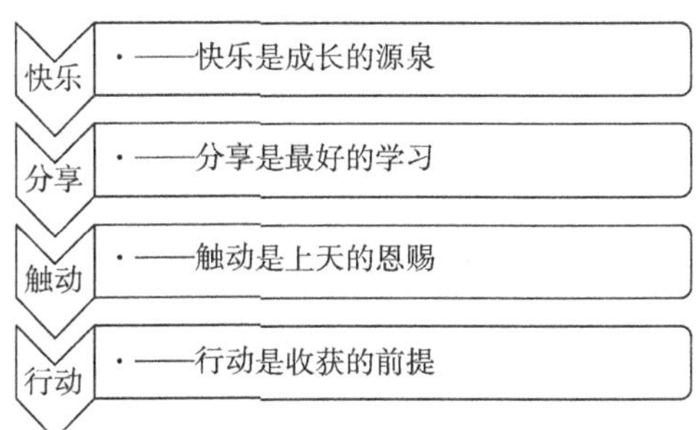

图 11-2 现场呈现的四大关键

快乐的学习氛围：快乐是学习的最高境界，快乐是成长之本。

快乐是学习的最高境界，最原本的说法应该是乐在其中。我们的培训就像做一道菜，做得不好吃，学员连吃都没有吃下去，何谈消化吸收呢？又如何才能转化为自己的体能呢？都不要谈了。

大家看过《冲出亚马逊》中的学员吃生牛肉，心想怎么吃啊。如果是你，在没有强制的情况下是不会吃的。我第一次吃到菜花这个菜，就没有给我留下什么好的印象，因为是用菜花炖土豆，东北乱炖的做法，土豆都炖烂了，菜花就更不要提了，弄得没有一点嚼劲，什么味道都没有，从此对菜花没有什么好印象。结果我上大学时到食堂吃饭，不是那样做的，里面有西红柿和鸡蛋，非常好吃。

如果你让人吃得反胃，什么好吃的东西也不会有好的吸收，因为意识产生抗体，抑制吸收。有人说："不是啊，药就不好吃，我吃了但是为什么能治病呢？"那是因为你知道，相信吃了病会好，才去吃的，你的意愿是"良药苦口利于病"，而且越难吃你越高兴，为什么？治病。其实这就是最高级的乐在其中。

那么如何能让学员乐在其中？是讲故事、说笑话、玩游戏吗？是又不是，形的东西是次要的，要找到根的东西，"成长乃为快乐之本"。

真正的成长是快乐，要以这个为中心去做你的培训，把形用好，掌握本质，就是成长是快乐之本。成长绝对是快乐的，学车的过程是痛苦的，学会后开车的快感是不是快乐的啊？考大学是痛苦的，考上大学后的满足感是不是快乐的啊？无论你学习什么最后的结果肯定是快乐的。

分享——分享是最好的学习。

我培训遵循的就是这个原则，这个原则可以解决培训中的很多问题。当初做培训的时候，我就想，我有什么资格给人家做培训？自己做到了什么程度去给别人讲课？我自己学习的时候也会有这样的疑问，想了三年想通了。无论下面坐的是谁，无论是什么样的领导人，没有任何关系，越是有高人的场合我越喜欢，和高人分享才能够有更大的收获。

当然这种分享要有自己的体会和经验总结在里面，现在的时代是“知之为知之，不知百度知”的时代，但是经验和体会是别人代替不了的，是要经过时间的磨炼才能形成的。也正因为如此，才显得珍贵，才能去与别人分享。

同时在课堂上不只你一个人有精彩的过去，有很多人有同样的体会，甚至比你的更好，那么你就要通过讲师的手段，控场的手段，把学员的经验整合起来，让他们为这堂课的成功做出贡献。

我不强调在课堂上单向输出，而强调通过分享达到多向输出、多向输入。这与学校的教学完全不同，集体的智慧一定大于个人的智慧。那么有人要问了：“老师，这样还要你有什么用，让大家分享不就完了。”错，有没有老师区别太大了。老师是一个向导，知道哪里有风景、哪里有水源、哪里有植物，是带领大家去寻找的人。然而是不是老师看见的风景就是你认为的风景，老师认为好吃的食物你就一定认为好吃呢？老师可以让大家把不同的风景感受，品尝美食的感受说给大家听，让大家去分享。不要忘记，没有老师的带领，你看到的不是这一片风景。所有，真正的分享是一种在老师引导下的分享，让我们的学习和收获更多。

触动——触动是上天的恩赐。

培训的目标到底是什么，这个问题我也想了好久，最后发现就是触动，对某种理念的触动、某种思维的触动。很多人愿意去参加 MBA 班，为的是什么，难道大学教授比企业家更会做生意？不是的，他们需要的是扩展思路，升华自己的想法。

有一个做房地产的企业家，在原来容积率的基础上，把16栋别墅变成了32栋，一下子就多赚了几亿元，你说听课没有用吗？这样的改变就是一个想法而已，30万元的培训费又算什么呢？

对于老板如此，对于员工也是如此。我们不需要天天听课，天天听课只能用来考试，而学习没有触动，什么都没有用。员工的一个想法变了，整个人就变了。比如拓展训练，什么课程也不讲，看起来就是玩游戏，但是员工从玩中引发了触动，认知到自己有更大的能量，不是很好吗？

当然，我不否认有很多技能类培训，比如计算机、英语等培训，这些属于知识，不能单单靠触动。但我认为那不是我们讨论的社会学培训，那是学校教育的范畴。内部讲师多数是讲公司的内部课程，如销售、品牌、管理、传播、生产、制度、流程、工艺等，这些多数不是知识课程，都是理念课程，换句话说，他们只要听懂一点，开窍一点，知识对他们来说应该是自学的内容。

所以，我们学习当中有渐修和顿悟之说，想触动开悟，真的不容易。如果真能开窍，我想不是老师的功劳，而是上天的恩赐了。

行动——行动是收获的前提。

对培训无用论一直存在争执，而我认为产生争论的根源应该在是否有行动。如果自己不行动，不去做，就永远是在原地，那谁能帮得了你呢？马云说：“晚上想想千条路，早晨起来走原路。”同样的道理。所以我们老师应该在课堂上及课程结束后多设置让学员行动的环节，让学员在行动中自我学习和成长。比如我在每天课程结束后都会给大家留作业，让他们回去行动，只有通过行动才能让学员改变。

当然如果学员就是不动，我也真的没有什么办法，无用也就无用吧！这个无用不是我讲的东西无用，而你无用，不是你人无用，是你没有行动把学的东西用起来的无用。

（二）专业内容演绎的要求

1. 平常话

培训师的举例要和自己的实际感悟相连接，不要去模仿大牌的老师，自己没有小孩的学人家去讲小孩子如何管教之类的话语，用“身边事、真性情”去传达和感染你的学员，让学员感受到你是一个真真正正的实践者。

2. 身边事

有的老师看人家余世维讲德国人如何、日本人如何、美国人如何，他也跟着讲，以为这是一种时尚，或是显得自己格局很大。但是你根本就没接触过这些人，也没与他们打过什么交道，说起来就很空。

其实我们可以说，你说的也不会和他说的不一样，这些书上都有，媒体中都有报道，故事中也可以反映，但是和你自己的经历不符，人家一看就看出了。这样你就没有真性情，给人传道的真实感就没有，只是你的一个机械讲授而已。所以我们提倡讲课要符合自己的格局和身份，不用去用国家信息来包装自己，用身边的小事有同样的效果。

比如我们耳熟能详的一个故事“人生能有几回搏”。

一位中国留学生刚到澳大利亚时，在餐馆打工。一天，他看见报纸上刊出了招聘启事，选择去应聘。过五关斩六将，眼看他就要得到那份年薪三万五千澳元的职位了，没想到招聘主管却出人意料地问他：“你有车吗？你会开车吗？我们这份工作要时常外出，没有车寸步难行。”为了争取这份极具诱惑力的工作，他不加思索地回答：“有！会！”“4天后，开着你的车来上班。”主管说。为了生存，这位留学生豁出去了。他在朋友那里借了500澳元，从旧车市场买了一辆外表丑陋的“甲壳虫”。第一天他跟华人朋友学简单的驾驶技术；第二天在朋友屋后的那块大草坪上摸索练习；第三天歪歪斜斜地开着车上了公路；第四天他居然驾车去公司报了名。时到今日，他已是澳洲电讯的业务主管了。

养成说能、可以、我会、我行、我挑战一下、我试一试、我一定能完成任务、YES……的习惯，你就永远在成长之中。

人生虽然很长，但关键时刻就只有几处，也就只有几次拼搏的机会而已。

而这样的故事在2000年左右的时候很流行，大家对外国的人和事很好奇，但我更建议用自己身边的例子。

比如我有一位老领导，有同样的经历。他应聘宝洁公司的中国区销售，同样是过五关斩六将，很艰难地到了最后一关，也遇到同样的问题，只不过是不会骑自行车，最后买了一辆自行车学了两天去上班。最重要的就是在那一刻，当主考官问你的那一刻，你是说“有!”“会!”“能!”“行!”还是“不!”“不会!”“不能!”“没有!”“不行!”。

一位秘书的故事

我的一个朋友，做了一位上市公司老板的秘书，于是向我请教如何能做好一个秘书。我的建议是：

（1）好好练习自己的文字书写。

（2）找一个好的记录本子。

（3）把每天老板说的事情全部记录下来。

（4）每天记录好任务后让老板签字确认。

（5）做完后在后面记录完成的成果。

而此人也是高手，举一反三，不但记录了自己要做的事情，还记录了老板进公司和出公司的具体时间，还记录了老板一天的心得体会，见了什么重要的人，说了什么重要的话。

没有多久这个朋友就调到香港公司从事重要工作了！

故事解析：

（1）人有三张脸：一是自己真的脸；二是自己的声音；三是你写的字。字能传意传神，可以展现你的素质、形象。

（2）每天把事情记录下来，自己不会忘记是其一。重要的是让老板签字，让老板看到，让老板知道你做的每件事情。事情还没有做，家长已经给你签成绩单了。

（3）听起来简单，别人做得也简单，好像很容易。

给我们的启示就是把简单的事情做好就是不简单，把平凡的事情做好就是不平凡。

几位老师的交流

大家一群人交流，其中郑老师说：“一个人毕业了，觉得美容美发挺赚钱的，于是就去学了，然后自己就开了一家美容美发店，最后也赚钱了，你怎么看?”

王老师说：“每个人都有辛苦的一面，只是你不知道而已。”

叶老师说：“每个人成功都是不容易的，我们不能以自己的眼光去看别人的成功。我们觉得古代人好像很容易，但是你生活在古代不一定赚钱。我们在岸上看别人游泳，然后说快一点，怎么这么慢，那么你下去游游看。这和我们以四年级的水平去看三年级的题觉得简单是一样的道理。

我说：“哪个时代都有成功者，哪个时代都有不成功者，成功者都是不简单的。我们不要以为别人做的就很容易，而自己就活得很艰难。”

故事解析：

（1）人都是站着说话不腰疼，挑别人的毛病很容易，需要自己做做看。

（2）成功者的成功自然有他的道理，但绝对不是你想的那么简单。

蔑视的语气

今天和同事开会，郑老师提到他的启蒙书籍是《人性的弱点》，并且问其他两位同事说：“你们看过吗?”他们说没有，我说读过一些，郑老师问：“你知道是谁写的吗?”我说：“戴尔·卡耐基。”郑老师说：“不对，拿破仑·希尔”，我说不是，郑老师说打赌。我说：“不用，这是戴尔·卡耐基的成名作，全球销量1000多万册，很有名的。”郑老师说：“你看，你蔑视了我一下。”这个没必要。我没说什么，笑了一下。

感悟：

我突然醒悟我为什么和老婆有时候关系不好了，不是我个人有什么问题，就是这个“蔑视”的语气产生的副作用太大了。

成长：

（1）不要用蔑视的口气说话。

（2）我不需要用别人的一次错误来证明自己的能力。

这就是身边的故事，看起来聊天，唠家常，但是道理已在其中矣。

小生意中的大智慧

我住的家属楼周围有许多做小生意的，其中我经常光顾的有几家“夹馍店”，几乎都是并排在一起做生意。有一天我发现开了一家新的店面，干净整洁，肉夹馍的口味也不错，在接下来的一段时间了，旁边的两家生意逐渐萧条，他们的主营业务逐渐转行，变成凉皮、米线之类。据我的观察了解，他们产品的口味都差不多，为什么会出现这样的现象呢？

在开始的时候我就发现有一件事情比较与众不同，新开店面的老板收顾客钱的时候总是先在手上套一个塑料袋，然后再去接顾客递过来的钱。别人我不知道，但给我的感受是这家的卫生状况要好很多，因为一般人们都认为“钱币是携带细菌最多的东西之一”。无论前面有多少人排队，都是如此接钱找钱，可见老板的用心细心。一个小动作的改进可以打垮两家店，我们每个人工作的公司有多少这样的细节可以改进呢？

感悟：小生意中的大智慧，有句话叫作“处处留心皆学问，人情练达即文章”。在生活的交流过程中，留心你身边所发生的小技巧，其中隐藏了成功之道。

3. 真性情

有的人有这样的观点，认为培训氛围要么让大家笑，要么就是让大家哭，这叫深刻，叫有效果。

我听说过有的培训机构打出不笑多少次不要钱的招牌，还有的培训企业在谈判的时候就说自己的要求就是让学员全都哭，甚至还有讲师自己鼓吹自己的课程好，少了八千元不讲，就是因为讲完课学员全都哭了。

我觉得这种表象的判定方式只能造成畸形的效果，还不如去看郭德纲的相声或《白毛女》的歌剧。这些谬论让我们现在正常的培训师都快畸形了，那么创造一个什么样的氛围对培训有利呢?

我喜欢用快乐的氛围实现真情流露。其实我们不追求刻意地去让学员哭还是笑，只要是真情流露就都是好的，但我反对滥用氛围。

比如我参加的最搞笑的一次课程就是在杭州，一位讲销售的培训师的公开课。那天的主题是《团队建设与绩效考核》，结果整个会场用低沉煽情的音乐把气氛弄得异常悲壮，好像他的课程是救世主一样，最后自己在台上哭得东倒西晃都不行了，下台的时候还是别人扶着下去的。

如果你是讲心智训练、讲感恩惜福等话题还可以，你讲团队绩效考核怎么能讲成这样子? 培训是一个过程，最好的方式应该是痛并快乐着，就是在对自己思想刺痛的同时快乐成长。像学骑自行车一样，要摔跤但是很快乐，像游泳一样会呛水但是很开心。

我个人快乐的标准是不让大家睡着，大家没有打瞌睡的意思就可以了，不追求爆笑多少次，学员眼泪都笑出来的课程一定不是什么好课程。

我本人很少哭，但是我听了周弘老师的课后真的哭了。他是赏识教育的创始人，讲课抑扬顿挫中“抑”字的氛围发挥得恰到好处。他的光盘6个小时我一口气看完，看到凌晨3点，哭了三场。但人家周弘没哭，只是一种真性情的流露。

做培训师要向这样的教育家学习，听听周弘老师的课程能净化培训师的心灵，真正理解什么是教育。

最后，是乐、是悲、是笑、是哭，看老师的性格，看课程的主题，不能一概而论！但只要是一种真情流露都不失为好课程。希望各位培训师朋友能做到恰到好处！

第十二章

Chapter 12

“行”——培训师训练的风范

一、塑造培训师的职业规范

佛靠金装，人靠衣装，专业的形象能给学员很好的认知，让人感觉你有魅力、有专业，产生权威感，这才是老师应该有的态度。

（一）服饰——表现你的态度

服装会说话。比如我要进课堂的时候，穿件贴身短衣，大家会有什么感觉？大家觉得这老头挺怪的。假如我穿一个中式的唐服进来，大红的唐服，大家会有什么感觉？可能又要讲中国历史了，因为你的服饰表现了你的态度。

讲课的时候最正式的服装是西装，而且是深色西装。陈安之经常穿白色西装，那是有道理的，因为他的讲课对象不同，多是一线的推销人员。本来他们的心情天天都很沉重了，然后培训师再穿个黑色西装，更沉重。

一般情况下，老师表现自己的正面形象，表现自己的尊严，表现职业庄重性的时候，要穿深色的西装，不一定都是黑的，一般配浅颜色的衬衣。现在要求就松多了，有的人穿灰色的，有的人穿花的，有的人穿格子的。但是最正式的场合，如国家元首穿西装正式见面的时候，衬衫都是纯白色的，这是最庄重的。领带尽可能和西装有一些近似色，会好一些，更庄重一些。

女士呢，也要求最好是穿西服套装，或者是西服套裙，这是最庄重的一种服装，而且也是深颜色为好。还有特别的要求，就是如果是正式场合的话，要穿至少是不露趾的鞋。鞋有的时候有后空、前空，最好不露趾。一般连后空、连脚跟都不露出来，一定要穿丝袜。在南方，特别是在广州、深圳，一般人都不穿袜子，都是光脚穿鞋的。你只要穿袜子，差不多就能看出你是外地人，其实那个穿法是不对的，广东人叫“顾头不顾脚”。

（二）表情——表现你的情绪

你要有这样的一个表情，一般叫作微笑，或者放松的表情最多。有一些人的表情很严肃或很奇怪，特别是有一些老师，本身就是讲礼仪的老师，应该表情特别好，但是他的表情就像吃了酸枣一样，而且说话的时候特别讽刺人。其实讲礼仪的人一定要温和，更注重表情礼仪，说同样的语言，假如你带了表情去说，可能有完全不同的效果。如说“你这个人真好”，嘿嘿一笑，完了，这个“好”立刻加了负号，所以，表情很重要。

听课有的时候表情也很重要，有的时候学员会笑得让老师莫名其妙。

（三）身姿——表现你的精神

坐着讲课是可以的，站着讲课也可以，有人还走着讲课，这都是可以的。但坐着的时候要特别注意，就是有的人坐的时候两脚不放平，有的时候跷二郎腿，就算跷二郎腿也没关系，脚总在那里抖，这会暴露你心中的秘密。

某单位开大会，下面坐了一排领导，主要领导在那里讲话，讲到个别领导搞小圈子、搞小团体。本来大家都在那里抖腿，听到这句话，有一个人突然就不抖了，一看就是这家伙，暴露了自己的秘密。所以，肢体会说话。

（四）语言——表现你的风采

语言很重要，尤其是语言和其他几种东西搭配起来的话，就会更重要。有一些说法是动作比语言更重要，那要看什么情况。大部分的情况下，语言比动作更重要。只有在特定情况下，动作才比语言重要。语言其实是更多更重要必须要修炼的内容。

语言的作用是会吸引、会明晰、会强调、会激励、会感染。

二、行为规范及其基本要求

第一，手势。手势在培训过程中的运用，主要包括：因课程内容需要而做的手势，邀请学员参与及答谢学员参与所需的手势两种情况。手势可以传达礼貌、信念、程度等信息。

讲师现场演示，学员起立共同演示。“接下来我们邀请一位学员，演示一下表达坚定信念和良好愿望的手势动作。”讲师示范，纠正学员的动作，并提醒其注意力度和神情。

第二，表情。表情在培训过程中所传达的信息主要包括：肯定、赞赏、信心、感谢。表情训练主要包括微笑，另外包括肯定、赞赏、信心等训练。“下面，我们一起开始赞赏的表情训练。”讲师示范，学员模仿。讲师根据模仿情况予以点评。

第三，步伐训练。步伐在培训过程中，表达思考、接近、信心等信息。我们着重开展接近训练。讲师走下讲台，在学员中边说边讲，并用目光与个别学员交流。三尺讲台，无限天地，讲师在授课过程中，千万不要单纯地坐着，那是外行的表现。也不可以像木桩一样竖着，那是更外行的表现。讲师在授课过程中，左右走动或者深入学员当中，可以起到与学员接近、提醒问题学员的作用。

运用步伐的注意事项：在思考的过程中用踱步，在接近的过程中用慢步。但是决不可以滥用步伐，上蹿下跳，突然跑动，这样都会破坏课堂的气氛。

第四，姿势。我们前边已经谈到手势、步伐及神情，因此姿势在培训过程中的作用不难归纳。姿势是手势、步伐、神情的组合，优雅、庄重、散漫等不同的姿势所传达的信息基本上都可以从他的手势、表情、步伐等肢体行为中反映和判断出来。当然，也可能会出现判断失误的情况。

第五，其他动作。在这里我想告诉大家的是，所谓的其他动作就是我们身上所存在的一些习惯性动作。这些动作往往与培训内容无关，但是，下意识的我们经常把它做出来，某些时候甚至会对培训的效果产生极大的反作用。

（一）六种常用手势

有六种常用的手势：

交流：男士里合，单手以掌形状，从外侧向内画弧的动作。女士外展，女士需从胸前向外画弧展开的动作。

区分：手掌侧立，做切分状，我们区分的时候，往往叫作一二三四。这样的一些动作，其实更准确的动作是左中右这样。后面前面，一定用掌来做。

指明：五指并拢，指向目标，不用单个手指，用掌（自然合拢）去指明一个物品或是学员。指人和指物，一般情况下尽可能不要用手指，因为中国传统礼仪、东方传统礼仪中有这样一句话“千夫所指，无疾而终”，所以用手指指人是不礼貌的。在很多人眼中以手指人是一种攻击性的动作。

制止：一只手掌或是两只手掌分别从两侧展开向下压。

激情：单手或是双手攥紧拳头表示激情。如果有人说的正是你要的答案，要感谢某位学员的分享，给他一个热烈的掌声。

拒绝：掌心向前推出表示拒绝，或掌心向下，做横扫状，表示“不同意”、“坚决不同意”。一般不用，给人感觉不好，也会破坏课堂气氛。

（二）语言六要素

音量：合理保护嗓子，声音的训练、讲课不要喝水，喝水也不要喝凉水。保护嗓子的方法，有的喝胖大海茶，有的喝菊花茶，有的吃金嗓子喉宝，还有就是不吃刺激性食物。

我的方法是不吃辣椒，不喝酒，喝白开水，培训前两杯，培训后喝两杯。吃对嗓子有益的食物，如苹果、梨、橘子、香蕉、青萝卜、西红柿、黄瓜、小白菜、大白菜、油菜、芹菜、菠菜、蜂蜜、豆腐、豆浆、鸡蛋等，这些清淡食品有益于润喉、清嗓和开音，并含有多种维生素和无机盐，对维持健康有益。

语速：指演说中的语速。语速对表情达意十分重要。播音时的语速一般一分钟 300 字左右，首长做报告，一般一分钟 150 个字左右。演说的语速介于播音与报告之间，一分钟 200 字左右。

在实际演说中，以一次为参照，可以根据不同的演说风格酌情增减。一场演说中，开头、高潮、结尾部分的语速也不尽相同，要根据不同的人、不同的讲法因地制宜、因人制宜地来调整。例如，给老太太演说要慢一些，大声一些。

音调：第一，朗朗上口；第二，节奏感；第三，快慢程度；第四，气场与氛围。

词语：讲师的惯用语要有气场，商量语气词使用时要注意场合、忌讳。

举例："来，掌声鼓励一下，好吗?"

改进："来，掌声鼓励一下。"

一个"好吗"，就让你的语气弱了下来。所以，用不同的词，效果是完全不一样的。

重音：重音可以分为语法重音（结构重音）和强调重音（情感重音）两种。语法重音服从于情感重音。

情感重音的表达技巧多种多样：加重音量、拖长音节、一字一顿、反转等。

加重音量就是咬得很重。

拖长音节则是将话语的音节加长，例如"啊——我就是这样——"，表示了一种无所谓的态度。

一字一顿则是每一个字都停顿一下，例如"你——能——拿——我——怎——么——样——"，这句话明显表达出一种挑衅。

反转是由快到慢，例如，闻一多的《最后一次演讲》中曾经说过："杀死了人，又不敢承认，还要诬蔑人，说什么'桃色事件'，说什么共产党杀共产党，无耻啊！无耻啊！"这种反转由快到慢，加强语气。

停顿：既是生理需要，又是表达需求。它是为了表达某种情感，将有的字词、语句做特别清晰充足的发音。停顿分为语法停顿、逻辑停顿、情感停顿和回味停顿四种。演说中的停、连是非常重要的。

案例1

“爸爸吻了我妈妈也吻了我”这句话，如果使用不同的停顿方式来表达，就会产生两种截然不同的效果，“爸爸吻了我，妈妈也吻了我”意思是爸爸和妈妈都吻了我，而“爸爸吻了我妈妈，也吻了我”则意思是爸爸吻了“妈妈和我”两个人。

案例2

“世上的女人没有了男人就恐慌了”这句话，使用不同的停顿会产生截然不同的两个意思。如果停顿为“世上的女人没有了，男人就恐慌了”，意思是男人恐慌了，而如果停顿为“世上的女人没有了男人，就恐慌了”，则是表示女人恐慌了。

训练：请用不同的音调和抑扬顿挫说“噢”表示下列的意思：

（1）现在我懂了。

（2）我不能等了。

（3）我很失望。

（4）你想让我相信这个吗？

（5）太棒了。

（6）这很精明，但不够光明正大。

（7）小心！

（8）真疼啊！

（9）真讨厌！

（10）可怜的小东西。

附：声音练习的方法

第一步，练气。俗话说练声先练气，气息是人体发声的动力，就像汽车上的发动机一样，它是发声的基础。气息的大小对发声有着直接的关系。气不足，声音无力，用力过猛，又有损声带。所以我们练声，首先要学会用气。

吸气：吸气要深，小腹收缩，整个胸部要撑开，尽量把更多的气吸进去。我们可以体会一下，你闻到一股香味时的吸气法。注意吸气时不要提肩。

呼气：呼气时要慢慢地进行，要让气慢慢地呼出。因为我们在演讲、朗诵、论辩时，有时需要较长的气息，那么只有呼气慢而长，才能达到这个目的。呼气时可以把两齿基本合上。留一条小缝让气息慢慢地通过。

学习吸气与呼气的基本方法，你可以每天到室外、到公园去做这种练习，做深呼吸，天长日久定会见效。

第二步，练声。我们知道人类语言的声源是在声带上，也就是我们的声音是通过气流振动声带而发出来的。

在练发声以前先要做一些准备工作。先放松声带，用一些轻缓的气流振动它，让声带有点准备，发一些轻慢的声音，千万不要张口就大喊大叫，那只能对声带起破坏作用。这就像我们在做剧烈运动之前，要做些准备动作一样，否则就容易使肌肉拉伤。

声带活动开了，我们还要在口腔上做一些准备活动。我们知道口腔是人的一个重要的共鸣器。声音的洪亮、圆润与否与口腔有着直接的联系，所以不要小看了口腔的作用。

口腔活动可以按以下方法进行：

第一，进行张闭口的练习，活动嚼肌，也就是面皮。这样等到练声时，嚼肌运动起来就轻松自如了。

第二，挺软腭。这个方法可以用学鸭子叫“嘎嘎嘎”声来体会。

人体还有一个重要的共鸣器，就是鼻腔。有人在发音时，只会在喉咙上使劲，根本就没用上胸腔、鼻腔这两个共鸣器，所以声音单薄，音色较差。练习用鼻腔共鸣的方法是，学习牛叫。但我们一定要注意，在平日说话时，如果只用鼻腔共鸣，那么也可能造成鼻音太重的结果。

我们还要注意，练声时，千万不要在早晨刚睡醒时就到室外去练习，那样会使声带受到损害。特别是室外与室内温差较大时，更不要张口就喊，那样，冷空气进入口腔后，会刺激声带。

第三，练习吐字。吐字似乎离发声远了些，其实二者是息息相关的。只有发音准确无误，清晰、圆润，吐字也才能“字正腔圆”。

我们在小学时，都学习过拼音，知道一般一个字都是由一个音节组成的。而一个音节我们又可以把它分成字头、字腹、字尾三部分，这三部分从语音结构来分，大体上可以说，字头就是我们说的声母，字腹就是我们说的韵母，字尾就是韵尾。

吐字发声时一定要咬住字头。有一句话叫“咬字千斤重，听者自动容”，说的就是这个意思。所以我们在发音时，一定要紧紧咬住字头，这时嘴唇一定要有力，把发音的力量放在字头上，利用字头带响字腹与字尾。

字腹的发音一定要饱满、充实，口形要正确。发出的声音应该是立着的，而不是横着的，应该是圆的，而不是扁的。但是，如果处理得不好，就容易使发出的声音扁、塌、不圆润。

字尾，主要是归音。归音一定要到家，要完整。也就是不要念“半截子”字，要把音发完整。当然字尾也要能收住，不能把音拖得过长。

如果我们能按照以上的练习要求去做，那么你的吐字一定圆润、响亮，你的声音也就会变得悦耳动听了。

这里应多做一些这样的练习：

（1）深吸一口气。数数，看能数多少。

（2）跑20米左右，然后朗读一段课文，尽量避免喘气声。

（3）按字正腔圆的要求读下列成语：

英雄好汉 兵强马壮 争先恐后 光明磊落 深谋远虑

果实累累 五彩缤纷 心明眼亮 海市蜃楼 优柔寡断

源远流长 山清水秀

（4）读练口令

A. 八面标兵奔北坡，炮兵并排北边跑；

炮兵怕把标兵碰，标兵怕碰炮兵炮。

B. 哥挎瓜筐过宽沟，赶快过沟看怪狗；

光看怪狗瓜筐扣，瓜滚筐空怪看狗。

C. 洪小波和白小果，

拿着箩筐收萝卜。

洪小波收了一筐白萝卜，

白小果收了一筐红萝卜。

不知是洪小波收的白萝卜多，

还是白小果收的红萝卜多。

说了这么多练习的方法，最后推荐一个很容易的普通练习方法，拿一本《孙子兵法》，每天读一遍，一个月后神功自成。

（三）眼神要求

要求：

（1）目光接触3～5秒。当讲师在台上时，不能只盯着一个人看，也不能谁也不看，目光盯着某个人3～5秒恰到好处。

（2）照顾到所有的人。目光不能只看一面，不看另外一面，只看前面不看后面，要让全场的人都感觉到他们被重视了。

（3）不要形成规律：自己的目光交流最好不要形成规律性的定式，让学员感觉这位老师很僵硬。

眼睛是心灵的窗户，但是对于培训师而言，目光的巧妙接触，所起到的作用绝不止于此。目光接触的技巧要真正做到，的确需要一点功夫。有些老师在刚开始上课的时候，不敢看台下，因为胆怯。在没有充分自信的情况下，不看台下，的确是一种好方法。但是，对于优秀的培训师而言，与台下学员的交流，除了语言交流之外，很重要的一项能力便是目光交流。因此，提醒大家注意掌握目光交流的技巧，并巧妙地运用到培训课堂上，也是一般培训师和卓越培训师的区别之一。

练武讲究手到、身到、眼到，这三者中又以眼快为先。所以，练武必须做到眼观六路，这样，一旦与人交手，灵活抵挡就有了先决条件。从这一点上看，我们可以借鉴练武的方式练出炯炯有神的眼睛。

练法：

（1）定穿眼：立正姿势站好，两手握拳于腰间，双眼圆瞪，盯住正前方一个目标不动，好似要看穿目标一样。

（2）左右晃眼：头部不动，双眼圆瞪，眼球平行左转，看左侧的极限角度。定一会儿后，迅速平行右转。左右反复练习数次。

（3）上下晃眼：头部不动，双眼圆瞪，眼球平行看上方的极限角度。定一会儿再下移，下移到最低角度。上下反复练习数次。

（4）旋眼：头部不动，沿双眼边缘所能看到的极限角度，按顺时针或逆时针的方向做圆形旋眼动作。

注意事项：

（1）环境要安静、清洁，避免阳光直射，最好在松柏常青、风景秀丽的地方练习。

（2）头要正，身要直，舌抵上腭，下颏内收。

（3）每个动作练完后，可休息一会儿，也可配合按摩。

办公室里练眼神：坚持做这套简单的眼保健操，视力不仅得到维持，而且还会改善。

（1）后仰、紧靠椅背，深吸气，然后前倾，贴近桌面，深呼气。重复5～6次。

（2）紧靠椅背，全身放松，然后眯眼，再张开，重复4次。

（3）坐在椅子上，双手卡腰，然后头右转看右胳膊肘，再左转看左胳膊肘。重复4～5次。

（4）坐在椅子上，举食指放在脸中部离鼻子15～20厘米处，然后看前面不远处的墙2～3秒，目光转向手指，看指尖3～5秒。放下手，重复5～6次。

六小龄童是怎样训练眼睛的灵活度的

有人问六小龄童：“你的眼‘神’怎么练习出来的？”这时六小龄童拿

出了一个乒乓球，说：“是这帮助了我啊！”在那段时期，六小龄童常常到乒乓球训练馆去看乒乓球比赛，但是他可不是乒乓球爱好者。一场比赛下来他常常记不得比赛的结果，但是就坐在台子的边上，眼睛一眨不眨地盯着乒乓球看，随着乒乓球的起落而左右移动。

据他自己所说，经常就是一坐一天，一个月下来，眼睛的灵活度终于得到了导演的认可。可是下一个问题又来了：聚光！

说到训练聚光，六小龄童认为这一点他训练得很顺利。他在晚上点燃一支香，然后眼睛一直盯着看，这样时间长了就练成了孙悟空的“火眼金睛”！在我们欣赏《西游记》的时候，无不为“猴哥”六小龄童的传神演绎所吸引！

六小龄童的眼神在于有“神”，而其他很多演孙悟空的演员的眼神，在于“眼”，只有眼睛、无神。

（四）课堂禁忌

作为一位职业的培训师，有小毛病给学员看到是十分不好的。有些语言和习俗是禁忌，最好不要涉及。

下列情况讲师要十分注意：

（1）用手指或教鞭指点学员。

（2）注意克服手爱动的习惯。

（3）口头语或脸部小动作。如：那反正我们都是这样做的；那反正大家都知道如何如何。有一个很出名的老师，是零售行业讲课的，他的口头禅就“他妈的”。这是很不好的习惯。

（4）突然走近学员。

（5）挡住投影仪或黑白版。

（6）对涉及政治、宗教、民俗的内容慎之又慎。

第十三章

Chapter 13

“合”——浑然一体的功力

讲师的功力最后如何达到浑然一体，这是一个长久的修炼，我有以下三点观点，希望对大家的修炼有帮助：

观念一：讲师讲课不可以有傲气，但不能无傲骨。

讲师不可以有傲气，觉得自己有多牛。其实这就是一个“马甲”，上台之后学员给你穿上了，下台后自己要想着把它脱掉，如果还穿着就显得太傲气。但也不能低声下气地去谄媚学员，一定要有自己的观点和立场，刚正不阿。

观念二：讲师讲课要从容，不要给人一种漂浮慌乱的感觉。

很多讲师讲课不是讲得不好，而是不够从容，太浮，反映出来的是对自己的课程没有信心，对自己的观点没有信心，也体现了根本就是功力不够，无法承载。

观念三：讲师需要锻炼，但不要忽视积累。没有积累谈不上锻炼。

一切都是量变到质变的过程，没有量的积累是不行的。你说你能达到知行合一，也是自欺欺人。当作多了，你就会知道，什么才是你真正的力量源泉。功力是年深日久积累的一种自然流露与显现。

一、个人经验

个人经验是功力积累的重要组成部分，下面我们通过一个故事进行一下剖析。

不要怕与不要悔

30年前，一个年轻人离开故乡，开始开创自己的事业。他动身的第一站，是去拜访本族的族长，请求指点。

老族长正在临帖练字，他听说本族有位后辈开始踏上人生的旅途，就随手写了3个字：不要怕。然后抬起头来望着年轻人说：“孩子，人生的秘诀只有六个字，今天先告诉你3个字，供你半生受用。”

30年后，当年的这个年轻人已是人到中年，有了一些成就，也添了很多伤心事。归程漫漫，回到家乡，他又去拜访那位族长。

他到了族长家里，才知道老人几年前已经去世，家人取出一个密封的信封对他说：“这是老先生生前留给你的，他说有一天你会再来。”

还乡的游子这才想起来，30年前他在这里听到人生的一半秘密。而人生的另一半秘密是什么呢？他拆开信封，里面赫然又是3个大字：不要悔。

人生在世，中年以前不要怕，中年以后不要悔，这是经验的提炼，智慧的浓缩。人生就是活力之流，每一天，你都可以让强大的活力之流带领你前行。

由现在开始，采取行动，让你的心、身和灵魂都动起来，做一点新的事，不要畏惧，放手而行。如果你仍然紧握着过去不放，期待重温儿时无忧无虑的旧梦，或是执着于已逝的荣耀显赫，那么你就不会随着人生的河流往前行。有一天，人到中年或晚年，也许只能眼睁睁看着河水从你眼前流逝，或是徒然逆流挣扎，在感慨声中，度过余生。

当我20多岁就给别人讲这个故事的时候，是没有什么说服力的。而现在我快奔四十了，再结合自己的经历去讲这样的故事就太有说服力了。初进社会的我很害怕，什么都不懂，但是我告诉自己一个字“闯”。进入社会的十几年我做过太多的事情，如保险、期货、服装、调味品、日化、美容、培训咨询，走过了中国的各大城市，除了西藏和云南基本跑遍了。为了坚持自己做培训的理想，我有一年失业五次的经历。每每讲到这里，在场学员无不动容。

人生的过程中，个人经验告诉大家，梦想还是要有的，万一实现了呢？马云的经验是经验，我们的经验也是经验，同样有说服力。

好的学生才是好的老师。

作为老师，我自己当然要是一个好的学生，我给自己的学习规定是全接纳后升华，在课堂上不要挑，都拿走，回去后再消化，不需要的就去掉了。老师讲的课程都是一个整体，最后你会理解他的主题思想，才能把握哪些是对你有用的，哪些是不需要的。

为了更好地学习，我就给自己定了三个听课规矩。

（1）**空杯为零的心态：**其实好多人都犯这个毛病，因为大家谁都不服谁，总是看到别人不如自己的地方，却很少看到别人的优点，所以很难放下心去吸取别人的营养知识。

大多数的人在听课时都是挑毛病去了，只是为了看讲师能讲出什么稀奇的笑话，什么没有参加过的游戏，还有什么地方讲错了，什么地方讲的没有深度。

这就好像我们看魔术一样。有人问一位中国的魔术师，你说中国人和外国人看魔术有什么区别。他讲："中国人看魔术，是想看你是不是穿帮，有没有破绽，也就是说他们欣赏的焦点在于你没有让他看出破绽，证明你的魔术好。而外国人主要的是欣赏你变得好不好看，有多少欣赏价值，是不是给人一种震撼，一种美的享受。"

其实我们学习也是如此，我们是去学习价值去了，不是以自己以往的经验去评判讲师讲的是否正确去了。所以将自己的知识倒空，去欣赏和品尝老师呈现给我们的精神大餐！

（2）**积极参与：**要真正想在课堂上学习到东西，一定要和老师互动。由于我从小学习就是靠听和悟，很少交流和提问，造成我心理认为自己就不会问问题，提不出来什么问题，所以我总结了我成为一名培训师的优点就是自悟，同时阻碍我前进的也是它。

（3）**记好课堂笔记：**记好课堂笔记？有人要说这不是废话吗？其实不然，我们现在的培训，电子版本的材料太多了，根本不需要记笔记，老师讲的都有。我说的不是这个，而是真正对我们自身有用的东西，不但要记，并且回去后还要整理一遍，将精髓吸收消化，转化成自己的思想行为，列出行动的计划。

我常比喻听课其实是肯德基外带全家桶，所有的好东西带回来后，还要我们去吃（整理笔记）、消化（行动计划）、吸收（行动）、取其精华去其糟粕（总结反省）。而很多人以为买回去就可以了，有的人甚至里面的东西都不拿，只带一个桶回去，表示"我去过"，因为是别人（公司、老板）请客！喜哉，悲哉！

作为讲师，将自己实际听课中的学习经验分享给学员的时候，他们很容易接受，也便于他们执行，更具有较强的说服力。

二、真实案例

运用真实的故事比运用寓言故事更有说服力。比如我讲心态课程时，为了说明“一句话、一个场景、一个念头”可以改变人生的命运，就举了很多人的例子。

史泰龙一念之间的故事

15 岁那年史泰龙来到费城，和母亲及继父生活在一起。“费城成为我生命中的一个转折点。一天，我参加了一个邻居们举办的教会舞蹈活动，在那儿我一个人也不认识。突然，一个大个子走到我面前，恶狠狠地说：‘数到三，我就打烂你的脸’。我并不是个街上混的小流氓，我对他的举动茫然失措。他数了起来：‘一、二’，然后，狠狠地打了我一顿。我被打得头晕眼花，步履蹒跚地向家走去，越走越觉得义愤填膺：我被打了，被一个陌生人无缘无故地羞辱了一顿。终于我猛地转过身来，拼命地去还击，去报复。”这一场争斗很快变成了一场混战，史泰龙满身伤痕地回到家里，既没有赢也没有输，但他却找到了自尊。

“我总有一种正义感在胸中涌动，”他意味深长地说，“任何人都不应去欺压那些无辜的人们，把他们当作一钱不值的东西，并且在蹂躏过后还以为不会有报应。”

史泰龙找回了自尊，才有了后来的银幕硬汉形象。

李开复一念之间的故事

李开复在 1990 年夏天面临着一个巨大的选择。当时 28 岁的他是卡内基梅隆大学最年轻的副教授，只要再坚持几年就可以得到（终身教授）的职位。这意味着终生的安稳，可以在世界排名第一的大学计算机系中作研究。如果真的是这样我们就不可能见到今天的李开复了，然而苹果公司副总裁戴夫·耐格尔对他说的话，让他改变了自己的想法。戴夫·耐格尔举着一杯透亮的自酿葡萄酒说："开复，你是想一辈子写一堆像废纸一样的学术论文呢，还是想用产品改变世界?"这句话改变了他的命运，真正的让世界因他而不同。有时候人的转变就需要一句话。

史玉柱一念之间的故事

史玉柱由于在统计局工作非常出色，后来被送到深圳大学读研究生。那时候深圳大学的学校气氛非常开放，经常有外面的人来学校办讲座。1988 年，史玉柱听了当时四通公司总经理万润南的讲座。

当时万润南主要就是谈四通公司是如何创办的，讲座题目是《泥饭碗比铁饭碗更保险》，意思是，四通公司就是一个"泥饭碗"，但是"泥饭碗"比"铁饭碗"更能变成一个"金饭碗"。可以说这个讲座对史玉柱的触动非常大。从那时起，史玉柱经历了第一次商业思想上的洗礼，之后便有了准备创办企业的理想。

每个故事都是鲜活的，让学员感受到"一句话、一个场景、一个念头"让你的人生从此改变的奇迹!

三、对比统计数字

要想增强说服力，可以通过对比和数据统计的方式进行。当你罗列一连串的数字时，人们不得不惊呼你说得太有道理了。

比如，网上流传的这篇小短文**《五十万成就了五大互联网名人》**。

1998 年，马化腾 5 人凑了 50 万元创办腾讯，没买房。

1998 年，史玉柱向朋友借了 50 万元搞脑白金，没买房。

1999 年，漂在广州的丁磊用 50 万元创办 163，没买房。

1999 年，26 岁的陈天桥炒股赚了 50 万元，创办盛大，没买房。

1999 年，马云团队 18 人凑了 50 万元，注册阿里巴巴，没买房。

如果当年他们用这 50 万元买了房，现在可能贷款都没还完。

如果你有五十万元，你会像他们一样聪明、努力，用智慧成就事业吗？

文章体悟：用一连串的数据和对比，说明人有 50 万元的时候，你应该先考虑干点什么事业而不是买房子。

四、用事实说话

“用事实说话”，指在忠实阐述事实的基础上，通过对事实的适当选择与表述，巧妙地表达授课者的立场与观点的一种方法。

《焦点访谈》“用事实说话”成功的关键，在于不是通过作者的直接议论，而是让经过精心选择的事实，运用事实的逻辑说服力，充分而含蓄地表现作者的倾向与观点。

“用事实说话”，寓情于事实，符合人们从新闻中主要是了解事实信息的要求，以及新闻应以事实的信息沟通情况、达到信息交流与分享目的的基本特征，因而能够潜移默化地影响新闻的收受者，且具有说服力。

借用此观点，讲师在授课过程中要构建事实。

我经常不是自己说出一个事情，而是通过现场学员来说明事情。比如我们分了队，为什么有的队分数高，有的队分数低，作为领导人你有哪些情况没有做到位，导致团队分数低？而作为成员，你又在过程中对团队有哪些贡献呢？通过这些事实的分析，我们就很容易能够说明问题。

五、现场演示

现场演练是最具有说服力的方法。曾经有一家五百强公司里面着火了，有的员工不知所措，而一些员工哼着歌曲，打开灭火器就把火给扑灭了。很多东西没有经过训练是不能的。现场给演示也是最好的、最具说服力的方法。

比如我们零售企业的陈列课程，不是在课堂上面讲的，而是在店面里面直接搭配、操作演示讲授的，这样才有说服力。或者把这样的过程通过视频录制下来也会更加有说服力。

在做礼仪课程时，通过现场的演练和演示，让大家感受课程讲解的内容，效果相对会好。反过来说，如果你没有做演示演练，学员还真的不知道该怎么做。好的培训师应该根据课程不同，运用不同的说法和方法。

第十四章

Chapter 14

“一”——一以贯之的发展

一、培训师的职业成长道路

（一）培训的道理，从爱书的情怀说起

我是喜欢书的。我有一个习惯，就是特别不喜欢有人把书坐在屁股底下。无论在什么情况下，我都不会去坐书，因为我认为那是对书的不尊重。文人学者、读书人都应该有这样的心理标准吧，对自己从事的职业特别地尊重，目的不是作秀，而是对自己的职业负责任。

我小时候去一个练书法的人家里，无意中在他和别人聊天的时候玩弄他的毛笔。主人发现后对我大发雷霆，两眼圆睁，很是吓人地呵斥道："谁让你动了！"

我当时的年龄还小，不理解他为什么发那么大的火，又没把笔弄坏，为什么这样。现在我很是理解，是因为一个人对自己所从事的事业和职业的深切热爱。当然他没有发现我是对书法很感兴趣才动他的笔的，这一点他没有注意到。

一次，我到一个图书展销会去买书，到门口时看到一个母亲正在和他的孩子讲话，内容没太听清，不过肯定是关于学习、读书的事情。我赫然看见他们屁股底下都坐着一摞书，我很难过，古人如果得到自己心仪的好书，都要顶礼膜拜，双手捧起，细心研读，哪有因为怕地太脏弄脏自己的裤子就索性坐在书上面的呢？作为母亲，要做好孩子的表率啊！

余世维老师曾经讲了一个故事，一个母亲带小孩去图书馆看书，看见自己的小孩用唾液翻书使大发雷霆，让他不要和别人说，把书买下来拿回家去。

这是爱书之人的素质。

有一次在会场里我正在挑书时，旁边有一对夫妇在说话。女的拿起一本书，说："梁实秋。"男的讲："不是梁秋实吗？这书写错了。"女的说："梁实秋，对着呢。"男的说："那就买下来吧。"女的说："你个瓜皮（西

北地区骂人的话），多少钱？”男的说：“2～6 折。”女的说：“走吧，过会儿再说。”

我无语，心想：“有学历的人不一定有学识，买书的人不一定有素质，穿名牌的不一定都有钱，硬件是装点不了一个人的！”

说了这么多，就是想说一句话：“要想在培训师的道路上走得远，我们要看书、爱书，并且言行一致。”

（二）培训师的 3 个好习惯：

（1）**善于学习**。当今学员的成长非常迅速，培训时常用到的一些老掉牙的故事段子或者知识要点，若不及时更新，就会出现培训师说上句学员接下句的情况。要保证始终有一壶水可以分享到学员的杯中，培训师就需要不断学习，不断往壶中添水。对于从事这个职业的人来讲，学习像个永动机，一旦开始就没有终止。对自己选定的课题、专业敏而好学、不耻下问，才能始终保持有发言权。

（2）**善于总结**。有些培训师讲课不一定多但是进步很明显，为什么？大概是每次讲完之后都认真进行了分类总结吧。总结不一定是在结束以后，每次培训都要进行多次的班前会、班中会和班后会的总结，及时发现问题加以解决，对已出现的问题，不论大小都争取做到“不贰过”。总结就好比匆匆赶路的时候，仍不忘抬起头看看目标，这样可以及时调整方向，维持学习的高效率。

（3）**不断练习**。哪怕一位在管理岗位上已经有丰富经验的资深管理者，刚上讲坛的时候，也会有感觉不自然的地方，讲课从课件调整到现场互动都需要旁边的人给他反馈，然后逐渐调整，像修改衣服一样不断合身。熟能生巧，笨鸟先飞，顶住压力，须知这项工作是件持续精进的活。

天赋对于培训师很重要，但那更多是就起步阶段而言，不是全部。太聪明的朋友，如果不能坚持也将在这份枯燥又有意义的事业上半途而废。

坚持以上 3 个习惯的培训师，加上他的天赋，方能不断成长，带领学员在学习的路上走下去。

二、知识学习是职业发展的基础

知识的积累是升华的基础，学习是培训师的核心，没有学习就没有培训师。给人一杯水，自己要有一桶水的道理永远是“师”者所追求的境界。

（一）知识学习：天下第一好事是读书

对于培训师来说：“天下第一好事还是读书。”培训师应该算是三分之一个学者，三分之一讲师，还有三分之一的商人，学者和讲师都是要学习的，所以培训师必须对读书有些许的偏好。

读书为什么是天下第一好事呢？季羡林大师给出的解释是：文化知识的传承全靠书籍来承载，才增加了我们的智慧，才使我们有了和动物的本质区别，所以天下第一好事还是读书。可是这种解释好像和我们现在的价值观没有什么关系。

我们现在有一种风气“黑猫白猫抓住耗子就是好猫，有学无学赚到钞票就是才学”，那读书是不是就没有用了呢？我们看着有的小学生发大财，初中生发小财，大学生没工作，这是不是读书的错呢？我们看到一些有钱的靠钱生钱，一些有权的靠权生财，我们靠什么呢？一穷二白的农民儿子靠什么呢？你天生没有一个有钱的或有权的老爸，怎么办呢？还有什么出路吗？

我想说你只有唯一的出路就是读书。唯有读书增加自己的智慧，即使没有赚到钱，起码能平衡自己，有一个智慧的人生。再去当个农民，你也欣赏得了“采菊东篱下，悠然见南山”的美景了，不是很好吗？

再仔细想想，读书能不能赚钱，能不能运用里面的知识赚钱，那是你自己的事情，和读书没有关系。书记载的是智慧，是知识，是技巧，但要你会去运用它，它才能为你所用，才能为你创造你想要的东西，而不仅仅是财富金钱。平衡的生活，良好的心态，和谐的家庭，都需要我们用知识去创造。

由此看来天下第一好事还是读书！对于培训师来说，知识的学习应该从多读书开始，但是不是只要读书就可以了？当然不是，读书只是一个基础的境界，能够领会到读书是一件好事情，就可以说已经到了这个境界了。

（二）交流学习：遇高人不可交臂而失之

交流的时候需要我们练就一门超强的功夫，它叫“吸星大法”。只有练就这项功夫，在跟别人交流时，才能有更多收获，把别人的东西变成自己的东西。

单田芳讲评书经常说：“遇高人不可交臂而失之。”培训师更应该这样去做，在工作过程中，遇到了高人，从他们身上学到不少东西，感受各行各业的能人，感叹天外有天、人外有人。

我在服务东鹏瓷砖时遇到三位经销商老板，也算大开眼界。其中一位老板是南方人，小学没毕业，但魄力非凡无人能及，带领的小团队铁三角更是羡煞旁人，一亿多元的营业额在销售体系中是前三甲。

2013 年东鹏瓷砖在厦门鼓浪屿附近的一家五星级酒店召开年会。之前每年的年会 200 多人都盼着他上台讲话，因为他一上台就战战兢兢，给人惶恐不安的感觉，显得十分可爱。每次上台讲三分钟就下来。在 2013 年的年会上，能力提升了，终于可以讲 5 分钟了，下来后对我说：“我天不怕，地不怕，就是怕话筒。”我说：“除了话筒我什么都怕！哈哈！”

他下面有两员得力干将，都各有才能，其中一位肖总我们很投缘。后来熟悉了他对我说：“你们项目组来了以后，三分钟我看出你非同一般，很有能力，遂告诉手下人时刻关注那个瘦瘦的小个子。”后来我们交流也是高手过招一点就透，甚是愉快！

还有一位马总如同常山赵子龙，一个人单枪匹马就能做七八千万元的业绩，谈的订单都是上亿元的项目，专搞工程，精力旺盛，思考角度非凡！

一次和他见面交谈是晚上 10 点，找了一个茶馆，我们聊了 5 个小时，凌晨三点才散去，最后他说：“今天对我来算早退啊！”能人都有这个特性，就是晚上特别精神！当时聊得虽然多，但出于对自己公司的充分自信他也就是应付我们一下。5 天之后我走完市场，提交报告并现场解读后，这位老兄惊呼："熊老师你把我的锐气打没了，没有想到我的市场是这样的！"

当晚请我们吃大闸蟹，可惜我享受不了这东西，说："我吃这东西只吃几条腿！"他说："我只吃蟹黄不喜欢吃腿，嫌麻烦。"我说："刚好我们配合，如同你爱谈工程，我爱做零售！"相视一眼，哈哈大笑！

另一位吴总也是一个奇葩。一位做瓷砖销售的老板，在别人看来大老粗一个，原本应该跟泥瓦匠混在一起的，可此人偏偏跟格调高雅的设计师、艺术家们是挚交好友（如图 14 -1 所示），并参与创建设计师协会，还任副会长。国内别人请不到的顶级设计大师，他都能请来，还经常领着一帮设计师小弟到欧洲旅行，激发创作灵感。他可不是什么大老粗，是职业经理人出身，硕士学位毕业。你说小弟们回来哪个会不帮大哥卖瓷砖呢？

图 14 -1　吴总在设计师之夜上讲话

服务沈阳机床让我对国有企业有了更深的了解，其中董事长关锡友，可算是牛人中的牛人了，从一个工人做到集团董事长，被多个国家领导人接见，2012 年的年度经济人物！在他的带领下，沈阳机床销量全球第一。

头衔、业绩在我看来都是浮云，但是此人才能让接触过的人都震撼。与他交流，你的才能只能在他的一半范围内打转。因为他文理通杀，讲文科营销学、客户立场、财经、金融、市场、审美、国际形势高屋建瓴，讲理科的运算、逻辑、数学、切削、精细加工滴水不漏，听得你目瞪口呆，并且为人谦和，更兼有东北人独有的幽默气质，把一个冰冷的机床与机械数据说得活灵活现，精彩纷呈！

与此人接触我才真正感受到什么是“听君一席话，胜读十年书”。或许你听过、见过，但当感受到时会不禁感叹！天外有天人外有人，能人背后有能人，我辈后生小子要多多努力学习，不可以懈怠啊！

孔老夫子说：“三人行必有我师。”就是多跟高人交流学习。看来他老人家也认同我的观点，因此奉劝友人“遇高人不可交臂而失之”。

（三）实践学习：战争中学习战争

真正的高手是从实践中学习，从解决问题中学习的。很多东西一开始都是不懂的，当你把自己置身其中时，你就会发现你的学习速度非常快，能力超强。很多事情就怕原地踏步，不去实践，不去操作。人家说文章与论文都是写出来的，不是想出来的，有很多人都觉得自己没有想好就不去写，结果三个月过去了一个字还没有。只要我们想做就迈出第一步，几十万字的书是这样写出来的，几十亿元的企业是这样做出来的，用外国人的一句话说叫作：“just do it”。

总结学习的三种方式：第一种是读书，这里泛指从学校课堂或书本上学知识；第二种是交流，与高人交流会让你大开眼界。他们对事物有自己独到的见解，对问题有特殊的处理方法，学之一二受益匪浅；第三种是实践，就是毛泽东说的“在战争中学习战争”，邓小平说的“摸着石头过河”。从工作的过程中学习，挖掘自己的智慧，并总结经验学习。

三种学习方式，各有其妙用。

三、优秀讲师和平庸讲师的区别

其一，优秀讲师是以问的方式在讲，而不是按照设计好的内容自顾自地讲，甚至是“满堂灌”。没能和学员充分展开互动，到底学员心里想什么？听懂了没有？有什么疑惑？一般的讲师考虑的则不多。

著名的哲学家苏格拉底在教学生时尤其如此，当学生问一个问题时，不是马上给出答案，而是总问学生很多问题，不断引导学生，直至把正确的答案引导出来。因为苏格拉底知道，他们的嘴巴离他们的耳朵最近，他们对自己说出来的答案记忆得最深。

互动是培训的最高境界。学员是整场培训中的重要组成部分，他们不是被动在接受资讯。培训是讲师和学员之间的互动，互动的过程就是知识技能传播的过程，也是学员吸收的过程，让学员跟着老师的思路走，实现充分互动是一种境界。

其二，在培训专业流程上存在着差别。优秀讲师掌握一套科学专业的培训流程，从培训前期需求调查，问卷设计，代表学员访谈沟通，到课程设计，案例甄选，培训实施和培训效果评估，以及后续学员追踪辅导，有整套工具作为支撑；能做到实实在在为客户量身定做课程，能帮企业解决实际问题，而不是在不同的企业不同地方唱“同一首歌”；同一门课根据不同企业、不同行业、不同学员，有不同上法，针对性、可操作性强，使培训效果最佳。

真正的培训相当于在开会，前期通过访谈发现企业存在的问题，对案例、研讨话题进行精心甄选，让各小组分组讨论，拿出自己小组的讨论结果，然后把解决问题的方法运用到实际工作当中，使培训真正成为解决问题的一种手段和工具。

讲师是问题设计者，会议主持人，最后拔高升华，结合大家的讨论结果把自己深思熟虑的观点亮出来，事半功倍，达到培训目标。无用的知识不值钱，有用的知识才值钱。同样，能够帮客户解决实际问题的培训才值钱。

其三，优秀讲师有自己独特的观点。针对某一门课程深思熟虑，精心思考，有自己的观点和想法，结合着自己的工作阅历，给大家娓娓道来，而不是买一堆书、一堆光盘，收集一些别的讲师的课件，自己拼凑成一门课；有自己的一套东西，理念、方法、工具，案例、练习齐全，课程更完整更实效，而不是在背别人的东西。即使刚出道模仿别人，也要深刻领会课程的实质，不仅要学其"形"，更要学其"神"，了解课程内在逻辑关系和核心，使学员有所受益。

其四，优秀讲师围绕着讲课主题自己收集各种资讯，然后经过加工、整合、演绎，不仅仅是在传播知识信息，更重要的是自己实践工作中心得的提炼与分享，包括成功的经验和失败的教训，在实践工作中的得与失，亲身感受体会。仅仅是书本上的知识，看书和听光盘就能够学到的就没必要花多么多钱来听课了。讲师工作中实战经验的提炼、分享与启迪是最重要的。当然，国外版权课程例外，课程既有的架构是不让你修改的，哪个讲师讲都一样。

其五，课程设计、案例甄选、挖掘提炼要严谨，精益求精，这是优秀讲师和平庸讲师的一大差别。每个观点、每个案例题材都是经过深思熟虑、推敲提炼出来的，都是经典，而不是随意拿来的。同一个观点怎么表达演绎，从哪个角度进行剖析更合适，拿得更准，更恰到好处，讲师**怎么说，比说什么更重要。**

其六，课程的节奏控制能体现出讲师的水平。一堂课是平铺直叙，还是设计紧凑、跌宕起伏、高潮迭起、松弛得当，能体现出一个培训师的水平来。

讲师讲授、案例分析、小组讨论竞赛、游戏互动、角色模拟、视频播放、学员测试、课堂练习等综合性的培训形式，集知识性、趣味性、娱乐性于一体，让时间过得很快，从理性到感性，让学员在感官上、思维上受到刺激，鼓励大家积极参与，而不是一言堂，不顾学员的感受自顾自地讲，让学员昏昏欲睡，感觉枯燥乏味。

先吸引大家的兴趣，再传播知识信息，目的是让大家接受吸收精华。

一堂课好坏不是看你讲了多少，而是看学员吸收了多少，听懂了多少，哪些能用到实践工作中，转化成生产力产生效益是最重要的。培训课程化繁为简，化简为道，化道成趣，逐步升级升华。

其七，优秀讲师不单单是在传播知识，讲授和主题有关的信息，更重要的是传播你的人格、习惯给大家，综合地来影响学员，使大家受益。包括你为人处世的做人准则、严谨认真的态度、敬业精神、良好的职业习惯等，立体的、全方位地影响大家。所以，作为讲师，要言行一致，台上台下一致，给学员做好的表率，身体力行，为人师表，做人楷模。

作为一名讲师需要修炼，需要积累积淀，不能一蹴而就。不仅热爱它，全身心地投入，还需要在专业、实践、课程表达技巧、培训方式等方面精益求精。

百尺竿头更进一步，达到好的修行，使自己的课程既“叫座”又“叫好”，既是种美的感受，又实用对工作有很大促进。

坚信我们的讲师同仁一定会从普通到优秀，从优秀到卓越，从量变到质变，实现质的突破，达到一种至高的境界。

附：《培训师自查表》

1. 我为何被邀请来上这堂训练课?
2. 受训学员的情况我了解多少?
3. 我是否列好了训练的提纲?
4. 我的训练是学员需求的还是必备的?
5. 训练场地是否按训练要求布置?
6. 我准备用什么样的方式开始训练?
7. 我确定了一个还是几个主题?
8. 我是否有充足的感性资料作支持?
9. 本次训练我准备了哪几种训练方式?
10. 训练过程中是我讲的多还是学员练的多?
11. 在训练中我有没有照顾到绝大多数学员?
12. 我是否为学员提供训练手册及随堂讲义?
13. 我对时间的掌控是否恰到好处?
14. 训练结束时能否让学员感到意犹未尽?
15. 最后我是否要求做训练后的思考及作业?
16. 是否有合适的场地布置?

后记：从“陈式太极拳”悟“培训师”修炼

许多人可能都会有这样的追求——文武双全，或受电影角色的影响，抑或是电视的文化熏陶，总觉得“文武双全”是一种美妙的境界，一种人生的至高追求。

然而，我出生的地方并没有这样的条件，学习没有好的教育资源，习拳学武更是一种奢侈，只能自己像苦行者一样修行渐悟，但从小到大信念不灭，想法常在。应该是冥冥中自有感应吧，让我有机缘结识名师，幸会良友，也算是学到了点入门级的起步功夫，感谢缘分、感谢师长、感谢良友。

后面图中是我习拳的一些掠影。

习武健身好处多多，可以改掉许多陋习。现在的上班族午后每每昏昏欲睡、精神萎靡，身体强健后，夜卧舒展而眠，天明自然而起，走走拳，踢踢腿，舒展筋骨，神清气爽。

今日借些许习拳心得，附以培训师工作体悟，写此短文，与君共勉。

(1)“功力”修炼

练陈式太极拳，要内气充足，内劲统领全身。练习时要虚灵顶劲、立身中正，周身放松、气沉丹田，胯放松，气往下沉。全身从头到脚，甚至一根头发丝都不能松懈。这是功力的修炼，人常讲太极十年不出门，可见功力深厚，才能运用自如。

做培训师当勤学笃行，饱读诗书，躬行实践，心态平和，为人谦恭，做到腹有诗书气自华，历经风霜根底深。内在的文学素养，展露与外，台

上一站，自有遒劲之气引领全场，无人不被吸引折服。

培训师至少要有10年的企业功底，出来授业，才能遇事不惊，镇定自若啊！

（2）“过程”修炼

练陈式太极拳的套路过程要求连绵不断，整套拳在练习的过程中没有蹦挂处、没有断续处、没有平面、没有直线、没有抽扯之型，没有提拔之意，浑然一圆，方为合格。

做培训师整堂授课过程亦要如此，没有刻意的说教，没有僵直刻板论述，没有平铺处，没有直叙处，没有矫揉造作处，整堂课程如行云流水，一气呵成方为成功。

（3）“发力”修炼

陈式太极拳发力时要求周身放松，以意导气，以气运身，当要发力时绝不犹豫，意到气到力到，打人于无形，击敌于一瞬，方能克敌制胜。

而做培训师能掌控全场，以问题发现学员的症结，以顿挫之气，语发于节点，事说于关键，使学员开心、开眼、开悟，从而使学员思维改变，行为改变，才不失为一位明师，才称得上“名师点悟”。

顺带一句，这里的名师是指明白的老师，不是有名的老师，孔夫子云：“三人行必有我师。”绝对不是指出“名”的老师，而是能够让你人明白事情的老师，即为明师。

(4)“良知”修炼

练拳不练功力，不明拳理，不能克敌制胜是浪费生命。虽然现在以健身为主，但年轻人还是要以练功夫为目标来练拳，受益良多。

为师不学习不修行，不能旁征博引、厚积薄发，不能让学员开眼、开心、开悟是误人子弟啊。虽然学员资质不同，时缘各异，但不能成长与我何干？但即从此业，必遵师道，良知如此啊！正所谓：“无善无恶心之体，知善知恶是良知。”

生命不息运动不止，运动不止修炼常在。

“本土管理实践与创新论坛”成立

长期以来，中国企业在学习西方管理、本土化实践中不断进步。经济进入新常态，管理也要进入深水区。东西方企业与管理，有共性，也有个性。本土管理领域正在产生自己独特的理论与模式。尤其在移动互联时代，中国的情况与西方更不同，有很多新课题，需要本土专家们一起研究。

为此，博瑞森图书与各位本土管理专家作者，联合成立“本土管理实践与创新论坛”！“论坛”不以盈利为目的。“论坛”的宗旨是：

孵化思想——加速本土管理思想的孕育诞生

促进实践——促进本土管理创新成果更好服务企业、贡献社会

交流协作——加强本土管理界业内交流、协作

通过这个论坛，让本土实践与思想的交流定期化、常态化。在此平台上，各位作者把自己最新的观察感悟、思考成果、疑问困惑拿出来，或分享交流、或碰撞切磋、或合作攻关。通过举办“年度论坛”、出版《年度报告》等方式，百花齐放、百家争鸣，一起走出本土管理的大未来！

“本土管理实践与创新论坛”联合创始人

彭志雄、曾伟、宋新宇、杨涛、施炜、郭晓、张学军、秦国伟、宁立新、黄中强、程绍珊、张进、史贤龙、杨永华、高可为、史立臣、张博、李志华、张本心、余世耀、杜忠（以年龄为序，以示本土管理群体思想传承之意）

互联网 +

	书名．作者	内容/特色	读者价值
互联网 +	**移动互联新玩法：未来商业的格局和趋势** 史贤龙　著	传统商业、电商、移动互联，三个世界并存，这种新格局的玩法一定要懂	看清热点的本质，把握行业先机，一本书搞定移动互联网
	创造增量市场：传统企业互联网转型之道 刘红明　著	传统企业需要用互联网思维去创造增量，而不是用电子商务去转移传统业务的存量	教你怎么在“互联网 +”的海洋中创造实实在在的增量
	画出公司的互联网进化路线图：用互联网思维重塑产品、客户和价值 李　蓓　著	18 个问题帮助企业一步步梳理出互联网转型思路	思路清晰、案例丰富，非常有启发性
	7 个转变，让公司 3 年胜出 李　蓓　著	消费者主权时代，企业该怎么办	这就是互联网思维，老板有能这样想，肯定倒不了
	重生战略：移动互联网和大数据时代的转型法则 沈　拓　著	在移动互联网和大数据时代，传统企业转型如同生命体打算与再造，称之为“重生战略”	帮助企业认清移动互联网环境下的变化和应对之道
	跳出同质思维，从跟随到领先 郭　剑　著	66 个精彩案例剖析，帮助老板突破行业长期思维惯性	做企业竟然有这么多玩法，开眼界
	今后这样做品牌：移动互联时代的品牌营销策略 蒋　军　著	与移动互联紧密结合，告诉你老方法还能不能用，新方法怎么用	今后这样做品牌就对了
	互联网 +“变”与“不变”：本土管理实践与创新论坛集萃．2016 本土管理实践与创新论坛　著	本土管理领域正在产生自己独特的理论和模式，尤其在移动互联时代，有很多新课题需要本土专家们一起研究	帮助读者拓宽眼界、突破思维
	微商生意经：揭秘 33 个微商鲜为人知的赚钱秘诀 伏泓霖　罗晓慧　著	本书为 33 个真实案例，分享案例主人公在做微商过程中的经验教训	案例真实，有借鉴意义

行业类：零售、白酒、食品/快消品、农业、医药、建材家居等

	书名．作者	内容/特色	读者价值
零售·超市·餐饮·服装·汽车	1. **总部有多强大，门店就能走多远** 2. **超市卖场定价策略与品类管理** 3. **连锁零售企业招聘与培训破解之道** 4. **中国首家未来超市：解密安徽乐城** 5. **三四线城市超市如何快速成长：解密甘雨亭** IBMG 国际商业管理集团　著	国内外标杆企业的经验 + 本土实践量化数据 + 操作步骤、方法	通俗易懂，行业经验丰富，宝贵的行业量化数据，关键思路和步骤
	涨价也能卖到翻 村松达夫　【日】	提升客单价的 15 种实用、有效的方法	日本企业在这方面非常值得学习和借鉴
	零售：把客流变成购买力 丁　昀　著	如何通过不断升级产品和体验式服务来经营客流	如何进行体验营销，国外的好经营，这方面有启发
	餐饮企业经营策略第一书 吴　坚　著	分别从产品、顾客、市场、盈利模式等几个方面，对现阶段餐饮企业的发展提出策略和思路	第一本专业的、高端的餐饮企业经营指导书
	赚不赚钱靠店长：从懂管理到会经营 孙彩军　著	通过生动的案例来进行剖析，注重门店管理细节方面的能力提升	帮助终端门店店长在管理门店的过程中实现经营思路的拓展与突破
	汽车配件这样卖：汽车后市场销售秘诀 100 条 俞士耀　著	汽配销售业务员必读，手把手教授最实用的方法，轻松得来好业绩	快速上岗，专业实效，业绩无忧

续表

白酒	变局下的白酒企业重构 杨永华　著	帮助白酒企业从产业视角看清趋势，找准位置，实现弯道超车的书	行业内企业要减少90%，自己在什么位置，怎么做，都清楚了
	1. 白酒营销的第一本书 2. 白酒经销商的第一本书 唐江华　著	华泽集团湖南开口笑公司品牌部长，擅长酒类新品推广、新市场拓展	扎根一线，实战
	区域型白酒企业营销必胜法则 朱志明　著	为区域型白酒企业提供35条必胜法则，在竞争中赢销的葵花宝典	丰富的一线经验和深厚积累，实操实用
	10步成功运作白酒区域市场 朱志明　著	白酒区域操盘者必备，掌握区域市场运作的战略、战术、兵法	在区域市场的攻伐防守中运筹帷幄，立于不败之地
	酒业转型大时代：微酒精选2014－2015 微酒　主编	本书分为五个部分：当年大事件、那些酒业营销工具、微酒独立策划、业内大调查和十大经典案例	了解行业新动态、新观点，学习营销方法
快消品·食品	乳业营销第一书 侯军伟　著	对区域乳品企业生存发展关键性问题的梳理	唯一的区域乳业营销书，区域乳品企业一定要看
	食用油营销第一书 余　盛　著	10多年油脂企业工作经验，从行业到具体实操	食用油行业第一书，当之无愧
	中国茶叶营销第一书 柏　龑　著	如何跳出茶行业“大文化小产业”的困境，作者给出了自己的观察和思考	不是传统做茶的思路，而是现在商业做茶的思路
	调味品营销第一书 陈小龙　著	国内唯一一本调味品营销的书	唯一的调味品营销的书，调味品的从业者一定要看
	快消品营销人的第一本书：从入门到精通 刘　雷　伯建新　著	快消行业必读书，从入门到专业	深入细致，易学易懂
	变局下的快消品营销实战策略 杨永华　著	通胀了，成本增加，如何从被动应战变成主动的“系统战”	作者对快消品行业非常熟悉、非常实战
	快消品经销商如何快速做大 杨永华　著	本书完全从实战的角度，评述现象，解析误区，揭示原理，传授方法	为转型期的经销商提供了解决思路，指出了发展方向
	一位销售经理的工作心得 蒋　军　著	一线营销管理人员想提升业绩却无从下手时，可以看看这本书	一线的真实感悟
	快消品营销：一位销售经理的工作心得2 蒋　军　著	快消品、食品饮料营销的经验之谈，重点图书	来源与实战的精华总结
	快消品营销与渠道管理 谭长春　著	将快消品标杆企业渠道管理的经验和方法分享出来	可口可乐、华润的一些具体的渠道管理经验，实战
	成为优秀的快消品区域经理 伯建新　著	37个“怎么办”分析区域经理的工作关键点	可以作为区域经理的‘速成催化器’
	销售轨迹：一位快消品营销总监的拼搏之路 秦国伟　著	本书讲述了一个普通销售员打拼成为跨国企业营销总监的真实奋斗历程	激励人心，给广大销售员以力量和鼓舞
	快消老手都在这样做：区域经理操盘锦囊 方刚　著	非常接地气，全是多年沉淀下来的干货，丰富的一线经验和实操方法不可多得	在市场摸爬滚打的“老油条”，那些独家绝招妙招一般你问都是问不来的
农业	农资营销实战全指导 张　博　著	农资如何向“深度营销”转型，从理论到实践进行系统剖析，经验资深	朴实、使用！不可多得的农资营销实战指导
	农产品营销第一书 胡浪球　著	从农业企业战略到市场开拓、营销、品牌、模式等	来源于实践中的思考，有启发
	变局下的农牧企业发展9大策略 彭志雄　著	食品安全、纵向延伸、横向联合、品牌建设……	唯一的农牧企业经营实操的书，农牧企业一定要看

续表

医药	**新医改下医药营销与团队管理** 史立臣　著	探讨新医改对医药行业的系列影响和医药团队管理	帮助理清思路，有一个框架
	医药营销与处方药学术推广 马宝琳　著	如何用医学策划把“平民产品”变成“明星产品”	有真货、讲真话的作者，堪称处方药营销的经典！
	新医改了，药店就要这样开 尚　锋　著	药店经营、管理、营销全攻略	有很强的实战性和可操作性
	电商来了，实体药店如何突围 尚　锋　著	电商崛起，药店该如何突围？本书从促销、会员服务、专业性、客单价等多重角度给出了指导方向	实战攻略，拿来就能用
	在中国，医药营销这样做：时代方略精选文集 段继东　主编	专注于医药营销咨询15年，将医药营销方法的精华文章合编，深入全面	可谓医药营销领域的顶尖著作，医药界读者的必读书
	OTC医药代表药店开发与维护 鄢圣安　著	要做到一名专业的医药代表，需要做什么、准备什么、知识储备、操作技巧等	医药代表药店拜访的指导手册，手把手教你快速上手
	引爆药店成交率1：店员导购实战 范月明　著	一本书解决药店导购所有难题	情景化、真实化、实战化
	引爆药店成交率2：经营落地实战 范月明　著	最接地气的经营方法全指导	揭示了药店经营的几类关键问题
	医药企业转型升级战略 史立臣　著	药企转型升级有5大途径，并给出落地步骤及风险控制方法	实操性强，有作者个人经验总结及分析
建材家居	**建材家居营销实务** 程绍珊　杨鸿贵　主编	价值营销运用到建材家居，每一步都让客户增值	有自己的系统、实战
	建材家居门店销量提升 贾同领　著	店面选址、广告投放、推广助销、空间布局、生动展示、店面运营等	门店销量提升是一个系统工程，非常系统、实战
	10步成为最棒的建材家居门店店长 徐伟泽　著	实际方法易学易用，让员工能够迅速成长，成为独当一面的好店长	只要坚持这样干，一定能成为好店长
	手把手帮建材家居导购业绩倍增：成为顶尖的门店店员 熊亚柱　著	生动的表现形式，让普通人也能成为优秀的导购员，让门店业绩长红	读着有趣，用着简单，一本在手、业绩无忧
	建材家居经销商实战42章经 王庆云　著	告诉经销商：老板怎么当、团队怎么带、生意怎么做	忠言逆耳，看着不舒服就对了，实战总结，用一招半式就值了
工业品	**解决方案营销实战案例** 刘祖轲　著	用10个真案例讲明白什么是工业品的解决方案式营销，实战、实用	有干货、真正操作过的才能写得出来
	变局下的工业品企业7大机遇 叶敦明　著	产业链条的整合机会、盈利模式的复制机会、营销红利的机会、工业服务商转型机会……	工业品企业还可以这样做，思维大突破
	工业品市场部实战全指导 杜　忠　著	工业品市场部经理工作内容全指导	系统、全面、有理论、有方法，帮助工业品市场部经理更快提升专业能力
	工业品营销管理实务 李洪道　著	中国特色工业品营销体系的全面深化、工业品营销管理体系优化升级	工具更实战，案例更鲜活，内容更深化
	工业品企业如何做品牌 张东利　著	为工业品企业提供最全面的品牌建设思路	有策略、有方法、有思路、有工具
	丁兴良讲工业4.0 丁兴良　著	没有枯燥的理论和说教，用朴实直白的语言告诉你工业4.0的全貌	工业4.0是什么？本书告诉你答案
	大客户营销，好策略带动强执行 叶敦明　著	从业务开发、发起攻势、关系培育、职业成长四个方面，详述了大客户营销的精髓	满满的全是干货
	营销取胜靠订单：订单驱动下的工业品营销实践 唐道明　著	其实，所有的企业都在围绕着两个字在开展全部的经营和管理工作，那就是“订单”	开发订单、满足订单、扩大订单。本书全是实操方法，字字珠玑、句句干货，教你获得营销的胜利

续表

金融	**交易心理分析** (美)马克·道格拉斯　著 刘真如　译	作者一语道破赢家的思考方式，并提供了具体的训练方法	不愧是投资心理的第一书，绝对经典
	精品银行管理之道 崔海鹏　何　屹　主编	中小银行转型的实战经验总结	中小银行的教材很多，实战类的书很少，可以看看
	支付战争 Eric M. Jackson　著 徐　彬　王　晓　译	PayPal 创业期营销官，亲身讲述 PayPal 从诞生到壮大到成功出售的整个历史	激烈、有趣的内幕商战故事！了解美国支付市场的风云巨变
房地产	**产业园区/产业地产规划、招商、运营实战** 阎立忠　著	目前中国第一本系统解读产业园区和产业地产建设运营的实战宝典	从认知、策划、招商到运营全面了解地产策划
	人文商业地产策划 戴欣明　著	城市与商业地产战略定位的关键是不可复制性，要发现独一无二的“味道”	突破千城一面的策划困局
经营类：企业如何赚钱，如何抓机会，如何突破，如何“开源”			
	书名. 作者	内容/特色	读者价值
抓方向	**让经营回归简单. 升级版** 宋新宇　著	化繁为简抓住经营本质：战略、客户、产品、员工、成长	经典，做企业就这几个关键点！
	企业由小到大要过哪些坎 卢　强　著	老板手里的一张“企业成长路线图”	现在我在哪儿，未来还要走哪些路，都清楚了
	企业二次创业成功路线图 夏惊鸣　著	企业曾经抓住机会成功了，但下一步该怎么办？	企业怎样获得第二次成功，心里有个大框架了
	老板经理人双赢之道 陈　明　著	经理人怎养选平台、怎么开局，老板怎样选/育/用/留	老板生闷气，经理人牢骚大，这次知道该怎么办了
	简单思考：AMT 咨询创始人自述 孔祥云　著	著名咨询公司（AMT）的 CEO 创业历程中点点滴滴的经验与思考	每一位咨询人，每一位创业者和管理经营者，都值得一读
	企业文化的逻辑 王祥伍　黄健江　著	为什么企业绩效如此不同，解开绩效背后的文化密码	少有的深刻，有品质，读起来很流畅
	使命驱动企业成长 高可为　著	钱能让一个人今天努力，使命能让一群人长期努力	对于想做事业的人，‘使命’是绕不过去的
思维突破	**移动互联新玩法：未来商业的格局和趋势** 史贤龙　著	传统商业、电商、移动互联，三个世界并存，这种新格局的玩法一定要懂	看清热点的本质，把握行业先机，一本书搞定移动互联网
	画出公司的互联网进化路线图：用互联网思维重塑产品、客户和价值 李　蓓　著	18 个问题帮助企业一步步梳理出互联网转型思路	思路清晰、案例丰富，非常有启发性
	重生战略：移动互联网和大数据时代的转型法则 沈　拓　著	在移动互联网和大数据时代，传统企业转型如同生命体打算与再造，称之为“重生战略”	帮助企业认清移动互联网环境下的变化和应对之道
	创造增量市场：传统企业互联网转型之道 刘红明　著	传统企业需要用互联网思维去创造增量，而不是用电子商务去转移传统业务的存量	教你怎么在“互联网 +”的海洋中创造实实在在的增量
	7 个转变，让公司 3 年胜出 李　蓓　著	消费者主权时代，企业该怎么办	这就是互联网思维，老板有能这样想，肯定倒不了
	跳出同质思维，从跟随到领先 郭　剑　著	66 个精彩案例剖析，帮助老板突破行业长期思维惯性	做企业竟然有这么多玩法，开眼界
	麻烦就是需求　难题就是商机 卢根鑫　著	如何借助客户的眼睛发现商机	什么是真商机，怎么判断、怎么抓，有借鉴
	2015 本土管理实践与创新论坛思想荟萃	加速本土管理思想的孕育诞生，促进本土管理创新成果更好地服务企业、贡献社会	各个作者本年度最新思想，帮助读者拓宽眼界、突破思维

续表

管理类：效率如何提升，如何实现经营目标，如何“节流”			
	书名．作者	内容/特色	读者价值
通用管理	1. 让管理回归简单．升级版 2. 让经营回归简单．升级版 3. 让用人回归简单 宋新宇　著	宋博士的“简单”三部曲，影响20万读者，非常经典	被读者热情地称作“中小企业的管理圣经”
	边干边学做老板 黄中强　著	创业20多年的老板，有经验、能写、又愿意分享，这样的书很少	处处共鸣，帮助中小企业老板少走弯路
	阿米巴经营的中国模式 李志华　著	让员工从“要我干”到“我要干”，价值量化出来	阿米巴在企业如何落地，明白思路了
	阿米巴中国落地实践三部曲之科学划分阿米巴 胡八一　著	重点讲解如何科学划分阿米巴单元，阐述划分的实操要领、思路、方法、技术与工具	最大限度减少“推行风险”和“摸索成本”，利于公司成功搭建适合自身的个性化阿米巴经营体系
	欧博心法：好管理靠修行 曾　伟　著	用佛家的智慧，深刻剖析管理问题，见解独到	如果真的有‘中国式管理’，曾老师是其中标志性人物
流程管理	1. 用流程解放管理者 2. 用流程解放管理者2 张国祥　著	中小企业阅读的流程管理、企业规范化的书	通俗易懂，理论和实践的结合恰到好处
	跟我们学建流程体系 陈立云　著	畅销书《跟我们学做流程管理》系列，更实操，更细致，更深入	更多地分享实践，分享感悟，从实践总结出来的方法论
战略落地	公司大了怎么管：从靠英雄到靠组织 AMT 金国华　著	第一次详尽阐释中国快速成长型企业的特点、问题及解决之道	帮助快速成长型企业领导及管理团队理清思路，突破瓶颈
	低效会议怎么改：每年节省一半会议成本的秘密 AMT 王玉荣　著	教你如何系统规划公司的各级会议，一本工具书	教会你科学管理会议的办法
	年初订计划，年尾有结果：战略落地七步成诗 AMT 郭晓　著	7个步骤教会你怎么让公司制定的战略转变为行动	系统规划，有效指导计划实现
企业案例·老板传记	宗：一位制造业企业家的思考 杨　涛　著	1993年创业，引领企业平稳发展20多年，分享独到的心得体会	难得的一本老板分享经验的书
	简单思考：AMT咨询创始人自述 孔祥云　著	著名咨询公司（AMT）的CEO创业历程中点点滴滴的经验与思考	每一位咨询人，每一位创业者和管理经营者，都值得一读
	六个核桃凭什么：从0到150亿 张学军　著	首部全面揭秘养元六个核桃裂变式成长的巨著	学习优秀企业的成长路径，了解其背后的理论体系
	三四线城市超市如何快速成长：解密甘雨亭 IBMG 国际商业管理集团　著	国内外标杆企业的经验＋本土实践量化数据＋操作步骤、方法	通俗易懂，行业经验丰富，宝贵的行业量化数据，关键思路和步骤
	中国首家未来超市：解密安徽乐城 IBMG 国际商业管理集团　著	本书深入挖掘了安徽乐城超市的试验案例，为零售企业未来的发展提供了一条可借鉴之路	通俗易懂，行业经验丰富，宝贵的行业量化数据，关键思路和步骤
	借力咨询：德邦成长背后的秘密 官同良　王祥伍　著	讲述德邦是如何借助咨询公司的力量进行自身 与发展的	来自德邦内部的第一线资料，真实、珍贵，令人受益匪浅
人力资源	回归本源看绩效 孙　波　著	让绩效回顾“改进工具”的本源，真正为企业所用	确实是来源于实践的思考，有共鸣
	曹子祥教你做绩效管理 曹子祥　著	复杂的理论通俗化，专业的知识简单化，企业绩效管理共性问题的解决方案	轻松掌握绩效管理
	把招聘做到极致 远　鸣　著	作为世界500强高级招聘经理，作者数十年招聘经验的总结分享	带来职场思考境界的提升和具体招聘方法的学习
	人才评价中心．超级漫画版 邢　雷　著	专业的主题，漫画的形式，只此一本	没想到一本专业的书，能写成这效果

续表

人力资源	**走出薪酬管理误区** 全怀周　著	剖析薪酬管理的 8 大误区，真正发挥好枢纽作用	值得企业深读的实用教案
	集团化人力资源管理实践 李小勇　著	对搭建集团化的企业很有帮助，务实，实用	最大的亮点不是理论，而是结合实际的深入剖析
	我的人力资源咨询笔记 张　伟　著	管理咨询师的视角，思考企业的 HR 管理	通过咨询师的眼睛对比很多企业，有启发
	本土化人力资源管理 8 大思维 周　剑　著	成熟 HR 理论，在本土中小企业实践中的探索和思考	对企业的现实困境有真切体会，有启发
	HRBP 是这样炼成的之“菜鸟起飞” 新　海　著	以小说的形式，具体解析 HRBP 的职责，应该如何操作，如何为业务服务	实践者的经验分享，内容实务具体，形式有趣
企业文化	**华夏基石方法：企业文化落地本土实践** 王祥伍　谭俊峰　著	十年积累、原创方法、一线资料，和盘托出	在文化落地方面真正有洞察，有实操价值的书
	企业文化的逻辑 王祥伍　著	为什么企业之间如此不同，解开绩效背后的文化密码	少有的深刻，有品质，读起来很流畅
	企业文化激活沟通 宋杼宸　安　琪　著	透过新任 HR 总经理的眼睛，揭示出沟通与企业文化的关系	有实际指导作用的文化落地读本
	在组织中绽放自我：从专业化到职业化 朱仁健　王祥伍　著	个人如何融入组织，组织如何助力个人成长	帮助企业员工快速认同并投入到组织中去，为企业发展贡献力量
	企业文化定位·落地一本通 王明胤　著	把高深枯燥的专业理论创建成一套系统化、实操化、简单化的企业文化缔造方法	对企业文化不了解，不会做？有这一本从概念到实操，就够了
生产管理	**高员工流失率下的精益生产** 余伟辉　著	中国的精益生产必须面对和解决高员工流失率问题	确实来源于本土的工厂车间，很务实
	车间人员管理那些事儿 岑立聪　著	车间人员管理中处理各种“疑难杂症”的经验和方法	基层车间管理者最闹心、头疼的事，‘打包’解决
	1. 欧博心法：好管理靠修行 **2. 欧博心法：好工厂这样管** 曾　伟　著	他是本土最大的制造业管理咨询机构创始人，他从 400 多个项目、上万家企业实践中锤炼出的欧博心法	中小制造型企业，一定会有很强的共鸣
	欧博工厂案例 1：生产计划管控对话录 **欧博工厂案例 2：品质技术改善对话录** **欧博工厂案例 3：员工执行力提升对话录** 曾　伟　著	最典型的问题、最详尽的解析，工厂管理 9 大问题 27 个经典案例	没想到说得这么细，超出想象，案例很典型，照搬都可以了
	苦中得乐：管理者的第一堂必修课 曾　伟　编著	曾伟与师傅大愿法师的对话，佛学与管理实践的碰撞，管理禅的修行之道	用佛学最高智慧看透管理
	比日本工厂更高效 1：管理提升无极限 刘承元　著	指出制造型企业管理的六大积弊；颠覆流行的错误认知；掌握精益管理的精髓	每一个企业都有自己不同的问题，管理没有一剑封喉的秘笈，要从现场、现物、现实出发
	比日本工厂更高效 2：超强经营力 刘承元　著	企业要获得持续盈利，就要开源和节流，即实现销售最大化，费用最小化	掌握提升工厂效率的全新方法
	比日本工厂更高效 3：精益改善力的成功实践 刘承元　著	工厂全面改善系统有其独特的目的取向特征，着眼于企业经营体质（持续竞争力）的建设与提升	用持续改善力来飞速提升工厂的效率，高效率能够带来意想不到的高效益
	3A 顾问精益实践 1：IE 与效率提升 党新民　苏迎斌　蓝旭日　著	系统的阐述了 IE 技术的来龙去脉以及操作方法	使员工与企业持续获利

续表

员工素质提升	**跟老板“偷师”学创业** 吴江萍　余晓雷　著	边学边干，边观察边成长，你也可以当老板	不同于其他类型的创业书，让你在工作中积累创业经验，一举成功
	销售轨迹：一位快消品营销总监的拼搏之路 秦国伟　著	本书讲述了一个普通销售员打拼成为跨国企业营销总监的真实奋斗历程	激励人心，给广大销售员以力量和鼓舞
	在组织中绽放自我：从专业化到职业化 朱仁健　王祥伍　著	个人如何融入组织，组织如何助力个人成长	帮助企业员工快速认同并投入到组织中去，为企业发展贡献力量
	企业员工弟子规：用心做小事，成就大事业 贾同领　著	从传统文化《弟子规》中学习企业中为人处事的办法，从自身做起	点滴小事，修养自身，从自身的改善得到事业的提升
	手把手教你做顶尖企业内训师：TTT培训师宝典 熊亚柱　著	从课程研发到现场把控、个人提升都有涉及，易读易懂，内容丰富全面	想要做企业内训师的员工有福了，本书教你如何抓住关键，从入门到精通

营销类：把客户需求融入企业各环节，提供“客户认为”有价值的东西

	书名．作者	内容/特色	读者价值
营销模式	**变局下的营销模式升级** 程绍珊　叶　宁　著	客户驱动模式、技术驱动模式、资源驱动模式	很多行业的营销模式被颠覆，调整的思路有了！
	卖轮子 科克斯【美】	小说版的营销学！营销理念巧妙贯穿其中，贵在既有趣，又有深度	经典、有趣！一个故事读懂营销精髓
	弱势品牌如何做营销 李政权　著	中小企业虽有品牌但没名气，营销照样能做的有声有色	没有丰富的实操经验，写不出这么具体、详实的案例和步骤，很有启发
	老板如何管营销 史贤龙　著	高段位营销16招，好学好用	老板能看，营销人也能看
	动销：产品是如何畅销起来的 吴江萍　余晓雷　著	真真切切告诉你，产品究竟怎么才能卖出去	击中痛点，提供方法，你值得拥有
组织和团队	**升级你的营销组织** 程绍珊　吴越舟　著	用“有机性”的营销组织替代“营销能人”，营销团队变成“铁营盘”	营销队伍最难管，程老师不愧是营销第1操盘手，步骤方法都很成熟
	用数字解放营销人 黄润霖　著	通过量化帮助营销人员提高工作效率	作者很用心，很好的常备工具书
	成为优秀的快消品区域经理 伯建新　著	37个“怎么办”分析区域经理的工作关键点	可以作为区域经理的‘速成催化器’
	一位销售经理的工作心得 蒋　军　著	一线营销管理人员想提升业绩却无从下手时，可以看看这本书	一线的真实感悟
	快消品营销：一位销售经理的工作心得2 蒋　军　著	快消品、食品饮料营销的经验之谈，重点突出	来源于实战的精华总结
	销售轨迹：一位快消品营销总监的拼搏之路 秦国伟　著	本书讲述了一个普通销售员打拼成为跨国企业营销总监的真实奋斗历程	激励人心，给广大销售员以力量和鼓舞
	用营销计划锁定胜局：用数字解放营销人2 黄润霖　著	全方位教你怎么做好营销计划，好学好用真简单	照搬套用就行，做营销计划再也不头痛
	快消品营销人的第一本书：从入门到精通 刘　雷　伯建新　著	快消行业必读书，从入门到专业	深入细致，易学易懂
营销案例	**解决方案营销实战案例** 刘祖轲　著	用10个真案例讲明白什么是工业品的解决方案式营销，实战、实用	有干货、真正操作过的才能写得出来
	招招见销量的营销常识 刘文新　著	如何让每一个营销动作都直指销量	适合中小企业，看了就能用

续表

营销案例	**我们的营销真案例** 联纵智达研究院　著	五芳斋粽子从区域到全国/诺贝尔瓷砖门店销量提升/利豪家具出口转内销/汤臣倍健的营销模式	选择的案例都很有代表性，实在、实操！
	中国营销战实录：令人拍案叫绝的营销真案例 联纵智达　著	51个案例，42家企业，38万字，18年，累计2000余人次参与……	最真实的营销案例，全是一线记录，开阔眼界
	双剑破局：沈坤营销策划案例集 沈　坤　著	双剑公司多年来的精选案例解析集，阐述了项目策划中每一个营销策略的诞生过程，策划角度和方法	一线真实案例，与众不同的策划角度令人拍案叫绝、受益匪浅
产品	**产品炼金术Ⅰ：如何打造畅销产品** 史贤龙　著	满足不同阶段、不同体量、不同行业企业对产品的完整需求	必须具备的思维和方法，避免在产品问题上走弯路
	产品炼金术Ⅱ：如何用产品驱动企业成长 史贤龙　著	做好产品、关注产品的品质，就是企业成功的第一步	必须具备的思维和方法，避免在产品问题上走弯路
	新产品开发管理，就用IPD 郭富才　著	10年IPD研发管理咨询总结，国内首部IPD专业著作	一本书掌握IPD管理精髓
品牌	**中小企业如何建品牌** 梁小平　著	中小企业建品牌的入门读本，通俗、易懂	对建品牌有了一个整体框架
	采纳方法：破解本土营销8大难题 朱玉童　编著	全面、系统、案例丰富、图文并茂	希望在品牌营销方面有所突破的人，应该看看
	中国品牌营销十三战法 朱玉童　编著	采纳20年来的品牌策划方法，同时配有大量的案例	众包方式写作，丰富案例给人启发，极具价值
	今后这样做品牌：移动互联时代的品牌营销策略 蒋军　著	与移动互联紧密结合，告诉你老方法还能不能用，新方法怎么用	今后这样做品牌就对了
渠道通路	**快消品营销与渠道管理** 谭长春　著	将快消品标杆企业渠道管理的经验和方法分享出来	可口可乐、华润的一些具体的渠道管理经验，实战
	传统行业如何用网络拿订单 张　进　著	给老板看的第一本网络营销书	适合不懂网络技术的经营决策者看
	采纳方法：化解渠道冲突 朱玉童　编著	系统剖析渠道冲突，21个渠道冲突案例、情景式讲解，37篇讲义	系统、全面
	学话术　卖产品 张小虎　著	分析常见的顾客异议，将优秀的话术模块化	让普通导购员也能成为销售精英
	向高层销售：与决策者有效打交道 贺兵一　著	一套完整有效的销售策略	有工具，有方法，有案例，通俗易懂
	通路精耕操作全解：快消品20年实战精华 周　俊　陈小龙　著	通路精耕的详细全解，每一步的具体操作方法和表单全部无保留提供	康师傅二十年的经验和精华，实践证明的最有效方法，教你如何主宰通路

思想·文化

	书名．作者	内容/特色	读者价值
思想·文化	**史幼波中庸讲记（上下册）** 史幼波　著	全面、深入浅出地揭示儒家中庸文化的真谛	儒释道三家思想融汇贯通
	史幼波心经讲记（上下册） 史幼波　著	句句精讲，句句透彻，佛法经典的多角度阐释	通俗易懂，将深刻的教理以浅显的语言讲出来
	史幼波大学讲记 史幼波　著	用儒释道的观点阐释大学的深刻思想	一本书读懂传统文化经典
	史幼波《周子通书》《太极图说》讲记 史幼波　著	把形而上的宇宙、天地，与形而下的社会、人生、经济、文化等融合在一起	将儒家的一整套学修系统融合起来